Éditions du Moment
15, rue Condorcet
75009 Paris
www.editionsdumoment.com

Guérir la France :
la thérapie de choc

DU MÊME AUTEUR

Le Dictionnaire terrifiant de la dette, Éditions du Moment, 2013.

Quand la zone euro explosera…, Éditions du Moment, 2012.

Krach, boom… et demain ? Pour enfin comprendre la crise et l'économie mondiale, Dunod, 2009.

Le Politique saisi par l'économie, Collectif, Éditions Economica, 2002.

Le Retour du plein emploi, une nouvelle révolution française, (avec Pierre Alexandre), Anne Carrière, 2000.

Marc Touati

Guérir la France : la thérapie de choc

Préface de Maurice Lévy

ÉDITIONS DU MOMENT

À la France forte, qui nous a quittés
il y a déjà quinze ans

PRÉFACE

Nous sommes collectivement au pied du mur, et nul n'ignore (en particulier les hommes politiques) aujourd'hui les mesures, réformes et restructurations qu'appelle la situation de la France. Mais comment réussir cet aggiornamento *sans casser la croissance, déjà très faible, et sans abîmer encore un peu un moral en berne ? C'est tout le pari.*

Le livre de Marc Touati a un grand mérite : il pose les problèmes de manière abrupte mais sincère, en cherchant à offrir une large panoplie de remèdes. Indéniablement, cette ordonnance a pour elle la cohérence d'un système qui serait susceptible de couvrir l'ensemble du spectre. Loin des brûlots des « déclinologues » de tout poil, elle s'évertue à proposer des solutions globales. Une telle contribution est tout particulièrement utile à l'heure où resurgissent certaines thèses extrêmes et englobantes sur le mal dont souffre la nation française.

La thérapie de choc proposée par Marc Touati forme un ensemble, un tout, qui peut paraître trop radical à certains mais dont l'application devrait aboutir à des résultats positifs. Aux prudents qui peuvent penser qu'elle est excessive, il suffirait d'appliquer les mesures phares pour obtenir des améliorations sur les points les plus sensibles, comme le chômage ou la santé de nos entreprises, et un changement de climat, plus optimiste et plus confiant.

Il faut agir rapidement afin de purger le système par de vraies réformes, souvent douloureuses, toujours impopulaires. Car disons-le d'emblée : le propos n'est nullement partisan, l'héritage à solder court sur plus de 30 ans et les politiques de tous bords ont contribué à créer cette situation. La France a certes beaucoup réformé sur la période, mais aucune des réformes n'est véritablement allée au bout : décentralisation et régionalisation ont été synonymes de duplication et de coûts vertigineux, aucune des réformes de la Sécurité sociale ou des retraites n'a été conçue de façon pérenne, et le passage à la semaine de 35 heures ne s'est pas accompagné d'une véritable réflexion ni sur la compétitivité des entreprises ni sur les conséquences de la perception de la valeur travail.

Hélas, les réformes aujourd'hui engagées sont bien sincères, mais peu susceptibles d'être à la hauteur des enjeux. Prenons le seul exemple de la compétitivité française. Gros mot inqualifiable durant la campagne présidentielle de 2012, elle fait depuis l'objet de mesures allant dans la bonne direction. Le pacte de compétitivité du rapport Gallois et le crédit d'impôt recherche sont sans conteste une excellente nouvelle pour l'innovation française. Pensons également à l'accord national interprofessionnel qui assouplit le droit du travail, à l'allègement des obligations comptables pour les TPE-PME, aux Assises de l'entrepreneuriat, etc. Mais ces solutions demeurent insuffisantes : souvent compliquées et administratives, elles restent incomprises des PME et souvent inapplicables ou d'une portée limitée.

L'ambiance maussade, le mal-être des Français viennent pour une bonne part du fait que l'on annonce régulièrement des réformes, qu'aucune n'est suffisante et qu'ils ont l'impression que rien n'est en mesure de résoudre leurs problèmes. Ils sont pourtant lucides et prêts à de vraies réformes, et ce depuis quelques années déjà ; à condition de ne pas quitter du regard cet horizon de la cohérence. En annonçant d'emblée et avec détermination un cadre précis, il paraît indispensable d'avancer sur des chantiers prioritaires.

Sur la baisse nominale des dépenses publiques. Une baisse véritable, bien loin des artifices comptables et abscons d'une « moindre progression » : malgré les effets d'annonce, la baisse des dépenses de l'État en 2014 est de l'ordre de 100 millions d'euros, soit l'épaisseur d'un trait comparés aux 280 milliards des dépenses de l'État. Trois modifications essentielles donneraient le ton et le signal de la confiance : suppression d'un, voire deux échelons administratifs (la réforme territoriale en cours est bien peu lisible et sans aucune garantie réelle de simplification et d'économie), baisse des charges sociales par une loi organique et programmatique de cinq ans, et simplification du maquis des lois fiscales, sociales et de la judiciarisation de certains actes sociaux (plans sociaux notamment).

Sur la simplification du code du travail. Frein substantiel au recrutement alors que le chômage est à un niveau inégalé, le volume (plus de 3 400 pages, avec un faible pour les lois et décrets) et les méandres du code actuel ne sont pas compatibles avec une reprise économique d'ampleur. Il va sans dire qu'un contrat unique serait la meilleure option qui puisse être. Et, à défaut d'une solution globale immédiate sur le contrat de travail ou la retraite par points, un pacte de modération temporaire du SMIC, accompagné d'une vraie réforme de la durée du travail, incluant le dimanche, serait un moyen efficace pour encourager les embauches à court terme.

Sur la compétitivité, seule source de croissance dans une économie ouverte et mondialisée. Sans ressources naturelles (gaz de schiste exclu jusqu'à présent), nous innovons dans de nombreux secteurs (aérospatiale, ingénierie, mathématiques, etc.) sans parvenir pour autant à donner corps à un « écosystème » d'ampleur (l'université travaille encore trop peu avec l'entreprise, tandis que les firmes de capital risque et de private equity *n'ont pas la capacité d'entraînement que l'on connaît aux États-Unis, voire dans un petit pays comme Israël). Pour créer les conditions d'une véritable compétitivité, attractive et « rupturiste », sans doute faudrait-il aller plus loin que ce qui semble a priori nécessaire. Tout ne peut être fait en quelques semaines, mais des décisions fondamentales peuvent être prises pour redonner confiance à tous les agents économiques : bien sûr les chefs d'entreprises, cadres et investisseurs, mais également les salariés et les syndicats. Président de l'AFEP, je m'étais battu pour que la compétitivité soit un thème essentiel d'action ; ma conviction est encore plus forte aujourd'hui. Au-delà des baisses de charges ou de la simplification du code du travail, seule une coopération entre l'université, l'entreprise et le capital risque, sera à même d'offrir des solutions pérennes.*

Et bien entendu, sur la fiscalité. Cela passe par une inflexion de la philosophie fiscale. Il existe des inégalités criantes et notre système fiscal doit rester fortement redistributif. Mais il doit aussi assurer une circulation efficiente de la valeur. Cela passe, et à très court terme, par une décision claire, nette et définitive, sur l'arrêt de la hausse des prélèvements obligatoires, avant de considérer une baisse éventuelle – que je ne recommanderais pas immédiatement, mais un calendrier pour l'avenir serait une bonne chose. En toile de fond, il en va de la crédibilité de la parole publique : comment interpréter la promesse des plus hautes sphères de l'État de ne plus augmenter les impôts quand le projet de loi de finances rectificatives 2014 prévoit une majoration de 20 % de la taxe sur les résidences secondaires ou la loi de finances 2015, une hausse de la redevance audiovisuelle ou de la taxe sur le gazole ? La crispation sur la fiscalité est le symptôme d'une dissolution de cette parole publique et de l'impossibilité croissante d'une reconquête de la confiance.

Confiance, le mot est lâché. Le mal n'est ni récent ni français. Commencé il y a plus de vingt ans, l'effritement est tous azimuts : la politique, la justice, l'école, mais aussi les entreprises à la suite de scandales financiers. Or le système vertueux de confiance se gagne ou se détruit par contagion. Dès lors, comment agir pour que les agents économiques puissent à nouveau « faire crédit » : investir, s'engager, prendre des risques ? Par le sérieux et la sincérité, et en gagnant à sa thèse des relais d'entraînement : corps intermédiaires, politiques, médias, grands agents économiques. Et cela autour d'un but clair et d'un projet pour la France, à force de constance et de détermination – le chemin, lui, pouvant être escarpé.

Les perspectives ne sont hélas pas encourageantes. Deux études de Publicis illustrent la sévérité du décrochage de l'Europe du Sud en matière de confiance. Aux Anglais, Allemands et Polonais – confiants tant dans leurs perspectives que dans leurs instances représentatives –, s'opposent Français, Espagnols et Italiens – peu en phase avec leurs dirigeants au sujet d'un agenda de réformes pourtant pressant. Les Français s'avèrent les plus pessimistes, avec en filigrane une véritable peur de déchoir, d'être déclassés. Cette inquiétude touche à la fois au temps (ni le passé ni l'avenir ne rassurent), à l'espace (crainte des effets de la mondialisation) et au moindre poids de la parole publique.

Tout n'est pourtant pas sombre. De bonnes initiatives sont prises, mais trop timides et souvent gâchées par des signaux contradictoires, ce qui ne permet pas de rétablir la confiance. L'écosystème BPI encourage la prise de risque, mais d'autres dispositifs sont défavorables aux PME. Le rapport Gallois définit clairement un cap sur le temps long, autour de l'investissement et de l'innovation, mais il rappelle que le choc de compétitivité devra passer par un nouveau pacte de confiance.

Et le volontarisme peut rapidement porter ses fruits. Il y a seulement 13 ans, l'hebdomadaire britannique The Economist *titrait en une : « France 1 – Allemagne 0 ». Singulier renversement des rôles. Et pourtant, cette une rappelle aussi que moins d'une décennie a suffi à l'Allemagne pour retrouver un élan. Quelques années pourraient donc suffire à la France, non dans un quelconque esprit revanchard par rapport à l'Allemagne, mais pour croire en elle-même au sein d'un projet européen et à son tour retrouver l'élan que son talent et l'énergie de ses forces sociales méritent.*

Dès lors, que faut-il à la France pour se relever, alors que la confiance, tout comme la croissance, ne se décrète pas ? Intrinsèquement deux choses : un projet pour la France appuyé sur des réformes cohérentes et lisibles ; une parole publique crédible.

Le fulgurant redressement allemand est riche d'enseignements sur le premier point. À travers une politique de réformes à la fois authentiquement audacieuse et d'emblée lisible, l'Agenda 2010 du chancelier Schröder montre l'importance d'une vision globale. Et c'est dans une telle logique que s'inscrit le livre de Marc Touati.

Dès les lois du 26 septembre 2003, le cap était indentifiable par tous, et poussait à la mobilisation nationale : 3e phase d'une précédente réduction d'impôts de 15,6 milliards d'euros avancée de 2005 à 2004, baisse de 20 milliards d'euros des dépenses de santé pour alléger les charges non salariales des entreprises, privatisation du placement des chômeurs dont les indemnités baisseront à travers une fusion avec les minima sociaux, dispense de qualification pour des métiers artisanaux peu dangereux afin de stimuler l'entrée dans la vie active, enfin une commission travaillait sur un passage de l'âge de la retraite de 65 à 67 ans et du niveau des pensions de 48 à 40 %. À toutes ces contraintes s'est ajoutée celle de la hausse de la TVA.

Aucune de ces réformes et de ces décisions n'a été facile ou populaire, d'autant qu'elles ont dans un premier temps entraîné une nette hausse du chômage (5,2 millions de chômeurs en 2005, soit 12,5 % de la population active) – et le SPD a perdu les élections dans son fief de Rhénanie-du-Nord-Westphalie. Mais les fruits ont été récoltés, d'une part dans la compétitivité accrue de l'industrie allemande, d'autre part dans le développement de l'emploi, même à rémunération réduite, le chômage n'ayant depuis lors cessé de décliner pour se stabiliser aujourd'hui à 5 %.

En France, aujourd'hui, nous subissons la hausse du chômage sans avoir la perspective à moyen terme d'un redémarrage de la croissance. Trop peu, trop tard, c'est ce qui caractérise nos mesures et génère un scepticisme généralisé. Il faut des mesures fortes dans un cadre clair.

Bien évidemment, un tel agenda n'est rien s'il n'est pas illico perçu comme crédible. Baisses de dépenses et de charges avaient alors convaincu les agents économiques outre-Rhin, ce qui est loin d'être actuellement le cas en France où sont régulièrement dénoncés les « effets d'annonce ». Notre rebond passera donc aussi par les comportements, le langage et les objectifs politiques. Évitons les objectifs incertains et fallacieux, comme la possible inversion de la courbe du chômage qui dépend notamment de facteurs exogènes – certains sont allés jusqu'à parler de croissance météorologique. L'idée que nos problèmes seront résolus par la croissance venue d'ailleurs est illusoire. Il faut se donner des objectifs simples, ambitieux, comme l'équilibre budgétaire vers 2017-2018 et l'encouragement de l'investissement.

J'espère vivement que cet ouvrage, en interpellant, questionnant, en faisant réagir, nous aidera – citoyens, politiques, entreprises, universités – sur la voie d'un nécessaire sursaut d'orgueil, d'un enthousiasme commun autour d'un projet national dynamique. La France est tout sauf l'homme malade de l'Europe, mais une thérapie de choc s'impose pour qu'elle retrouve son énergie, sa vitalité, son goût de la conquête et de la victoire. J'ai une confiance considérable dans les forces vives de notre pays et je suis convaincu que seul l'effort de tous – je dis bien de tous – permettra de retrouver le chemin de la croissance ainsi que le rang qui est le nôtre dans le concert des nations. Et surtout de soigner ce mal qui nous ronge et détruit des familles : le chômage.

MAURICE LÉVY
Président du directoire
de Publicis Groupe

INTRODUCTION

12 février 2018. Paris. 8 h. Encore une journée difficile qui s'annonce pour la France et sa Présidente, Marine Le Pen : dégradation des obligations de l'État français au rang de « junk bonds » (obligations pourries), taux de chômage à 25 %, émeutes à répétition dans tout le pays, mise en garde de l'ONU. Depuis l'arrivée en tête de la patronne du RBM (Rassemblement bleu marine) au premier tour des élections présidentielles de mai 2017, tout est allé très vite.

Pourtant, les politologues en tout genre étaient formels : si cette percée du RBM était inévitable, compte tenu de la faible popularité de François Hollande mais aussi de la multiplicité des candidatures à droite, elle devait être balayée rapidement par le fameux sursaut républicain du second tour de la présidentielle. Seulement voilà, comme souvent, le consensus a eu tort et ce sursaut n'a pas eu lieu. Grâce à l'adoucissement de son discours, au ralliement de nombreuses personnalités de tous bords, mais aussi à la prestation calamiteuse de François Hollande lors du débat de l'entre-deux-tours, la présidente du RBM l'a emporté avec plus de 51 % des voix.

Dès le lendemain de cette victoire, la note de la dette publique française, déjà nettement abaissée auparavant, est passée de B à C. Mais là encore, certains politologues et économistes prêts à tout pour tirer leur épingle du jeu n'ont pas hésité à avancer que cette nouvelle présidence ne serait pas si dramatique que cela et qu'il était de l'intérêt de tous, y compris des partenaires européens, de jouer l'apaisement. Balivernes !

Marine Le Pen avait été élue pour sortir la France de la zone euro, elle se devait de tenir sa promesse, quitte à engager le pays et l'ensemble de l'Europe dans une crise, politique, financière, économique et sociale, historique. Pour ce faire, elle décidait de créer la VIe République, de supprimer le poste de Premier ministre et de former une sorte de gouvernement d'union national, autoproclamé « Union sacrée », qui, au-delà du RBM, rassemblait des personnalités politiques de l'UMP, de l'UDI, ainsi que des représentants de la société civile et même d'anciens dissidents du PS.

Le 1er juillet 2017, par une simple ordonnance, la France quittait l'Union économique et monétaire, remplaçant l'euro par le franc au taux de 1 pour 1. Par souci de simplification nous disait-on à l'époque, oubliant que lors de sa création, l'euro valait 6,56 francs. Quelle baisse de pouvoir d'achat ! Mais, peu importe : « *les Français veulent une vraie rupture, ils vont l'avoir et retrouveront leur orgueil perdu* » martelait Marine Le Pen. Tout paraissait d'ailleurs bien huilé : pour accompagner cette révolution monétaire, la France imposait le contrôle des changes, engageait un moratoire sur sa dette publique, qui était réduite des trois quarts, et bénéficiait d'une « planche à billets » illimitée de la part de sa Banque centrale, qui finançait les déficits publics gratuitement.

Dans le même temps, la France fermait ses frontières commerciales, imposaient des droits de douanes exorbitants sur les produits importés et dénonçait les accords au sein de l'OMC et même de l'Union européenne.

Porté par un élan nationaliste impressionnant, l'ensemble de ces mesures passait bizarrement comme une lettre à la poste et faisait même monter Marine Le Pen dans les sondages d'opinions. Les médias, de moins en moins libres, titraient en chœur « Oui, c'est possible ! » soulignant que les économistes et les élites d'avant l'ère Le Pen avaient menti au peuple et qu'une sortie de la zone euro était non seulement faisable, mais surtout bénéfique.

Évidemment, cette euphorie fut de courte de durée. Très rapidement, l'excès de liquidités, mais aussi l'explosion des droits de douanes, l'effondrement du cours du franc et la pénurie de produits importés engendraient une flambée des prix. Le pouvoir d'achat conféré par la planche à billets partait donc en fumée.

Ensuite, en réponse à la fermeture des frontières françaises, nos anciens partenaires commerciaux mettaient en place des mesures de rétorsion équivalentes à l'encontre des produits français. Le déficit extérieur était multiplié par trois en quelques mois.

Une récession historique s'engageait : écroulement de la confiance des entreprises, baisse massive de leurs investissements, effondrement des investissements logements et des cours de l'immobilier, chute historique de la consommation.

Toutes ces évolutions ne manquaient évidemment pas de faire flamber le chômage, mais aussi les déficits publics. Et si l'augmentation des taux d'intérêt était en partie contrecarrée par la « planche à billets » de la Banque de France, l'assèchement des financements nationaux et internationaux alimentait mécaniquement le cercle pernicieux « défiance-récession-chômage ».

La reconduction à la frontière de plusieurs dizaines de milliers d'immigrés n'arrangeait pas les choses détériorant encore un peu plus l'activité dans l'Hexagone mais aussi l'image de la France à l'international.

Pour essayer de regonfler le moral des troupes, ce fut ensuite la « chasse aux sorcières » : certains financiers, journalistes, économistes, chefs d'entreprise étaient condamnés, voire emprisonnés, pour manque de patriotisme et trahison. On leur reprochait notamment d'avoir dénigré la politique économique nationale, d'avoir tenté de fuir à l'étranger ou encore d'avoir insuffisamment investi dans l'Hexagone.

Il ne s'agissait là que de boucs émissaires, la grande majorité des créateurs de richesses ayant quitté la France dès les premières semaines après l'élection de Marine Le Pen à l'Élysée. Ils avaient d'ailleurs eu du flair puisque, en juillet 2017, le contrôle des changes était instauré, interdisant notamment aux citoyens et aux entreprises de l'Hexagone de transférer leur argent à l'étranger au-delà de 20 000 francs, sauf accord exceptionnel donné par la Banque de France.

En septembre, l'État imposait une taxation de 20 % de tous les dépôts bancaires supérieurs à 200 000 francs. Nous n'étions pas encore à Chypre, mais presque.

À l'automne 2017, face à ce déchaînement de mesures autoritaires et spoliatrices, ceux qui n'avaient pas pu ou voulu partir à temps commencèrent à organiser une sorte de résistance. La VIe République devenait un État policier, voire militaire. Certaines cités du Val-d'Oise, du Val-de-Marne, mais aussi marseillaises, lyonnaises, lilloises et toulousaines, furent ainsi entourées de murs protecteurs, leur accès étant soumis à des « checkpoints ».

Dans le même temps, les pays frontaliers renforçaient physiquement leurs frontières et intensifiaient leurs contrôles. En réaction à la sortie de la France de la zone euro, les autres membres de celle-ci suivirent le mouvement. Une récession dramatique s'installa alors dans cet ancien havre de paix. Pire, la suppression unilatérale des dettes des pays en difficulté, et notamment ceux du Sud de l'Europe, suscita une crise financière aiguë, causant de nombreuses faillites bancaires à travers le monde.

Les États-Unis, la Chine, l'Allemagne, le Royaume-Uni, le Japon et la Russie engagèrent des poursuites judiciaires à l'égard des pays frondeurs. Pour compenser le non-remboursement des dettes, ces derniers durent céder une grande partie de leurs actifs (ports, aéroports, immeubles, infrastructures ferroviaires, œuvres d'art...). L'Union européenne avait donc non seulement éclaté, elle était surtout vidée de sa richesse, désormais partagée entre les pays les plus fortunés de la planète.

Confrontée à cette déperdition, la France résistait, mais elle se retrouvait ruinée et isolée. Marine Le Pen voulait construire une nouvelle France. Elle ne faisait que restaurer celle qui prévalait avant la Seconde Guerre mondiale.

Arrestations, spoliations, violences en tout genre, menaces à l'égard des pays occidentaux... la France n'était plus la patrie des droits de l'homme, mais celle de toutes les dérives.

Devant cette situation incontrôlée, les États-Unis et l'ONU adressaient un avertissement à la France qui, ainsi mise au ban des nations, essuyait toute une série de sanctions économiques, financières et politiques le 12 février 2018.

Marine Le Pen prit donc la parole aux Nations unies, pour rappeler que la France disposait de l'arme nucléaire et qu'elle ne se laisserait pas impressionner par les « *pantins de l'ONU* ». Au-delà des catastrophes financières, économiques, sociales et humanitaires qu'elle avait engendrées, la sortie de la France de l'UEM était donc sur le point d'engager un conflit militaire dévastateur...

Réveillez-vous ! Nous sommes encore en 2015. Toutes ces horreurs ne sont qu'un cauchemar, mais qui peut tout à fait devenir réalité. Pour éviter d'en arriver là, il ne nous reste plus beaucoup de temps et peu de solutions. Voici donc les dix mesures qu'il faut prendre en urgence pour ne pas tomber dans le chaos et surtout guérir la France de ses maux économiques et sociaux :

I. Baisser les impôts pour tous.

II. Réduire les dépenses publiques.

III. Diminuer le coût du travail.

IV. Moderniser le marché du travail et supprimer les 35 heures.

V. Innover massivement et abolir le principe de précaution.

VI. Faciliter le financement de l'économie.

VII. Actionner la « planche à billets » à l'échelle européenne.

VIII. Faire de l'euro une arme pour la croissance.

IX. Créer un budget fédéral européen et des eurobonds.

X. Développer la culture économique des Français.

Ce traitement de choc devra être appliqué au même moment sur tous les fronts et par ordonnance, de manière à ne pas perdre de temps avec le système législatif hexagonal.

Ces mesures ne sont pas ultralibérales. Elles ne sont ni de droite ni de gauche. Juste pragmatiques et efficaces. Dix mesures simples, indispensables et réalisables sans faire grincer trop de dents, pour peu qu'elles soient expliquées et mises en place avec déontologie et transparence.

Mais attention, cette thérapie de choc doit être appliquée rapidement. En 2017, il sera trop tard. Et le pire deviendra inévitable.

I

BAISSER LES IMPÔTS POUR TOUS

C'est certainement LE mal français : chaque fois qu'une difficulté économique ou sociale apparaît, on crée un impôt pour tenter de la résorber. Ensuite, conscient que la difficulté en question perdure et que cette mesure est inefficace, on met en place une niche fiscale pour essayer d'en limiter les effets négatifs sur la croissance et l'emploi. Voilà pourquoi la fiscalité en France est l'une des plus pesantes du monde mais aussi des plus compliquées.

Les chiffres parlent d'eux-mêmes : le taux de prélèvements obligatoires atteint actuellement près de 45 % de la richesse créée chaque année (c'est-à-dire du PIB : Produit intérieur brut), contre un niveau de 30 % en 1960 ou encore 42 % en 2008. Ce taux est d'environ 40 % dans l'Union européenne, 34 % en moyenne pour l'OCDE et 25 %, aux États-Unis.

Quant à l'ensemble des recettes publiques (qui dépassent les seuls impôts), sa part dans le PIB français est de 53 %. En clair, chaque année, plus de la moitié de la richesse créée dans l'Hexagone est absorbée par l'État. Du jamais vu dans l'histoire de France (à part lors des guerres) et un niveau dépassé par seulement 10 pays sur les 189 recensés par le FMI. En l'occurrence, la Finlande (54,2 %), le Danemark (54,3 %), la Norvège (55 %), le sultanat de Brunei (55,8 %), le Lesotho (60,2 %), les îles Marshall (62,9 %), la Micronésie (66,6 %), le Koweït (73,6 %), les Kiribati (83,9 %) et les Tuvalu (116 %). Mais que fait la France dans cette liste à la Prévert ?!

Ce trop-plein fiscal ne s'est évidemment pas fait en un jour. Et pour cause : les années passent, les gouvernements changent mais, malheureusement, les erreurs restent. Chaque fois, c'est la même ritournelle : on crée un impôt, souvent présenté comme temporaire, pour colmater une brèche, mais le temporaire devient du permanent et de nouvelles brèches apparaissent…

Rien d'étonnant à ce que la France ait souvent été l'instigatrice de nouveaux impôts, ensuite exportés à travers le monde. Le plus célèbre est évidemment la Taxe sur la valeur ajoutée (TVA). Créée en 1954 par Maurice Lauré uniquement pour les grandes entreprises, elle fut très vite appliquée, en 1966, au commerce de détail par Valéry Giscard d'Estaing, alors ministre des Finances. La TVA devient alors une « vache à lait » pour les finances publiques françaises, dans la mesure où elle constitue un impôt indolore car directement appliqué au prix des produits achetés. Elle constitue l'impôt le plus lucratif mais aussi le plus inégalitaire puisqu'il est payé de la même façon par tous quels que soient les revenus. Peu importe, la recette est trop bonne, et le taux de TVA sera constamment augmenté : initialement fixé à 17,6 %, son taux normal passe à 18,6 % le 1er avril 1991, puis 20,6 % à compter du 1er août 1995. Seule exception à la règle du « toujours plus d'impôt », ce taux redescendra à 19,6 % le 1er avril 2000, pour néanmoins revenir à 20 % en 2014, restant ainsi l'un des plus élevés du monde.

Mais l'inventivité de l'administration fiscale ne s'est évidemment pas limitée à la TVA. Ainsi, la TIPP (Taxe intérieure sur les produits pétroliers), les cotisations exceptionnelles sur les alcools et tabacs, les taxes sur les assurances, sur l'immobilier, sur le patrimoine, et autre ISF ont alimenté les comptes publics depuis des années. Mieux, ou plutôt pire, deux impôts déterminants vont être créés dans les années 1990 pour combler le trou de la Sécurité sociale. Chaque fois, le discours et les bonnes intentions sont les mêmes : l'impôt est temporaire et sera supprimé dès que les comptes sociaux seront assainis. « Et mon œil ? » pourrait-on rétorquer trivialement. Ces deux impôts sont la CSG (Contribution sociale généralisée), créée par le gouvernement Rocard en novembre 1991, puis la CRDS

(Contribution pour le remboursement de la dette sociale) en 1996 par le gouvernement Juppé. Dans les deux cas, la recette de l'impôt est encore plus « formidable » que d'habitude puisque son assiette concerne tous les revenus et qu'il est directement prélevé à la source. Et là encore, le « temporaire » va devenir du « définitif ». Encore plus grave : si, lors de son lancement, le taux de CSG était de 1,1 %, il est de 7,5 % depuis 1998, et il faut lui ajouter 0,5 % de CRDS, prélevé à la source sur les revenus du travail et les pensions. Quant aux revenus du patrimoine et aux plus-values, le taux cumulé de la CSG, de la CRDS et des différents autres prélèvements sociaux, est passé de 0,5 % à 15,5 % depuis juillet 2012. Comme dit le dicton populaire : « Où y a de la gêne, y a pas de plaisir ».

De plus, la CSG-Rocard et la CRDS-Juppé confirment, s'il en était besoin, que la volonté d'augmenter les impôts en France dépasse les clivages politiques. Elle est en fait ancrée dans les gènes de nos élus et de nos hauts fonctionnaires, pour qui la résolution d'un déficit ne peut pas passer par une baisse des dépenses, mais uniquement par une augmentation des impôts. Ce comportement à sens unique est tel que l'on dénombre aujourd'hui plus de 220 impôts et taxes dans notre douce France, qui est d'ailleurs logiquement devenue l'un des pays au monde où la pression fiscale est la plus forte.

Mais ce n'est pas tout, car même lorsque nos dirigeants annoncent des baisses d'impôts, ces derniers continuent d'augmenter. Ce fut par exemple le cas lors du second mandat de Jacques Chirac, au cours duquel une baisse des taux d'imposition sur le revenu a certes été pratiquée, pour être plus que compensée par l'augmentation des impôts locaux. Plus récemment, la vraie-fausse suppression de la Taxe professionnelle (TP) nous a encore montré que le marketing fiscal français était particulièrement habile, car en réalité cette taxe a été instantanément remplacée par la Contribution économique territoriale (CET). Et puisque la fiscalité française bien sûr n'est pas assez complexe, ce nouvel impôt est composé de deux taxes : la Cotisation locale d'activité (CLA) assise sur les bases foncières et la Cotisation complémentaire (CC) assise sur la valeur ajoutée. Pourquoi faire simple, quand on peut faire compliqué ? Toujours est-il que de tels artifices ont obligé de nombreuses entreprises de services en France à payer une CET finalement plus élevée que leur ancienne TP. Nous retrouvons donc la vieille recette appliquée depuis plus de trente ans dans l'Hexagone : baisser ou supprimer un impôt, mais faire en sorte qu'il soit au moins compensé par la création et/ou l'augmentation d'autres impôts.

Et ce n'est pas terminé car, plutôt que d'essayer de faire avaler l'ensemble de ces pilules en restaurant un minimum de confiance, donc de croissance, les gouvernements Ayrault et Valls ont continué d'alourdir la pression fiscale. Même lorsqu'ils annoncent que cette dernière va baisser pour certains, c'est pour mieux l'augmenter pour d'autres.

À la rigueur, si cette pression fiscale était efficace et générait à la fois croissance soutenue, réduction des inégalités et équilibre budgétaire, elle serait acceptable. Mais c'est exactement le contraire qu'on observe en France depuis une quinzaine d'années : croissance faible, inégalités grandissantes et déficits publics structurels élevés.

Face à cette surfiscalité, que l'on appelle régulièrement « ras-le-bol fiscal », de plus en plus de Français n'hésitent donc plus à recourir à l'optimisation fiscale, voire à s'exiler.

Il y a encore quelques années, le risque de multiplication des exilés fiscaux faisait sourire. « Marginal » disaient certains, « stupide » jugeaient d'autres. Et pourtant, au fil des mois, avec l'allongement de la liste des émigrés français à l'étranger, la donne a changé : l'exil fiscal est bel et bien une réalité. Pis, il est en train de se transformer en un véritable exode.

Certes, ce ne sont pas les départs de Gérard Depardieu, de Johnny Hallyday ou de Christian Clavier qui vont mettre la France à genoux. Pour autant, au-delà de leur impact médiatique, ces exils constituent la partie émergée d'un iceberg extrêmement dangereux. En effet, même s'il est difficile de chiffrer le nombre exact des exilés fiscaux passés et surtout à venir (on sait néanmoins que le patrimoine des seuls Français de Belgique atteint 13 milliards d'euros), il est clair que la décision gouvernementale d'augmenter encore la pression fiscale a agi comme un déclencheur pour de nombreux Français qui refusent d'être pris pour des moutons que l'on tond à loisir sans même laisser le temps à la toison de repousser. Aujourd'hui, 2,5 millions de Français vivent à l'étranger. S'ils ne sont évidemment pas tous des exilés fiscaux, il faut noter que leur nombre augmente de 4 % par an depuis 2012, contre une hausse annuelle moyenne de 2 % au cours de la décennie précédente.

Bien entendu, il est tout à fait normal de payer des impôts dans son pays, ne serait-ce que par reconnaissance et surtout solidarité envers les plus démunis. Car si l'impôt permet de vaincre la pauvreté, alors oui, il est tout à fait salutaire. Mais, est-ce vraiment le cas en France aujourd'hui, voire ces vingt dernières années ? Ne nous voilons pas la face, depuis les années 1980, les impôts et les dépenses publiques n'ont cessé de flamber. Que ce soit en valeur, en volume (c'est-à-dire hors inflation) et surtout en pourcentage du PIB. Or, en dépit de cette débauche de dépenses publiques et de cette fiscalité de plus en plus confiscatoire, la croissance structurelle de la France (c'est-à-dire la croissance obtenue lors d'un fonctionnement normal de l'économie) est tombée de

2,5 % à 0,8 %, le chômage atteint des proportions dramatiques, les inégalités et la pauvreté s'accroissent. Autrement dit, les Français paient de plus en plus d'impôts, mais l'économie et le modèle social français fonctionnent de moins en moins bien.

Encore plus grave, l'obstination à vouloir augmenter sans cesse les impôts casse la croissance, ce qui finit par réduire l'assiette fiscale et limite de facto les recettes de l'État. Conséquence logique de ce manque de clairvoyance et de ce dogmatisme maladif, les déficits publics n'ont cessé de s'aggraver, entraînant la dette vers des niveaux inadmissibles. Le plus drôle (du moins pour les amateurs d'humour noir) est que les gouvernements successifs, et notamment l'actuel, mettent justement en avant la nécessité de réduire les déficits pour justifier leurs augmentations d'impôts. La boucle est donc bouclée, mais dans le mauvais sens. Et pour faire croire aux citoyens que l'alourdissement de la pression fiscale est normal, on montre du doigt ceux qui en ont assez de payer énormément pour alimenter le mammouth de la dépense publique sans réduire les inégalités.

Dans la mesure où nous vivons (heureusement d'ailleurs) dans une économie internationale ouverte, les plus aisés peuvent quitter la France. Les dindons de la farce sont donc, une fois encore, la classe moyenne qui s'appauvrit d'ailleurs d'année en année. C'est bien là que réside l'un des principaux drames de la stratégie gouvernementale d'augmentation de la pression fiscale : celle-ci ne fait qu'appauvrir les Français et niveler par le bas. Pis, au-delà des artistes, chefs d'entreprise et autres ingénieurs qui quittent la France, ce sont des milliers d'emplois qui sont mis en danger. Avec un taux de chômage de 10,5 % (chiffre d'Eurostat), il est clair que les destructions d'emplois à venir ne feront qu'aggraver encore la situation, ce qui accroîtra encore les déficits et la dette, incitant de nouveau les dirigeants hexagonaux à augmenter les impôts… et le cercle pernicieux continuera jusqu'à épuisement.

Car, c'est bien de cela qu'il s'agit : à force de brider la réussite, de réduire les gains potentiels de ceux qui ont pris des risques pour le bien de la création de richesses et de l'emploi dans l'Hexagone, les dirigeants nationaux mettent notre douce France en péril. Dire cela n'est pas une marque de « french bashing », ni d'ultralibéralisme, simplement de bon sens.

De plus, à côté du nombre croissant d'exilés fiscaux, qui réduit mécaniquement les recettes fiscales, ces dernières se trouvent également amoindries par la faiblesse de l'activité économique et l'aggravation de la pauvreté. En effet, au-delà des députés et ministres éphémères qui oublient de payer leurs impôts ou pratiquent la fraude fiscale, de plus en plus de contribuables honnêtes (qu'ils soient particuliers ou entreprises) n'ont plus de ressources suffisantes pour acquitter leurs impôts et sont contraints de demander des délais ou des remises à l'administration fiscale. En septembre 2014, on estimait à 1,2 million le nombre de demandes de ce type adressées au fisc. Un bond de 20 % en deux ans vers un niveau record.

Autrement dit, déjà à la peine depuis quelques années, les recettes fiscales sont largement inférieures aux prévisions gouvernementales et l'écart s'amplifie de plus en plus. Or, le principal actif de l'État réside justement dans sa capacité à lever l'impôt. Si cette faculté s'amenuise, tout s'effondre. Et c'est justement ce qui est en train de se produire doucement mais sûrement.

Oui, disons-le clairement, l'État français est en faillite potentielle. Cette situation n'est d'ailleurs pas nouvelle. Souvenons-nous : dès sa nomination à Matignon en mai 2007, François Fillon n'avait pas hésité à se déclarer « *Premier ministre d'un État en faillite* ». La chose avait fort déplu à Nicolas Sarkozy, qui avait ramené aussitôt son numéro un à la raison d'État, c'est-à-dire à la dissimulation de la vérité. « Il ne faut surtout pas utiliser de messages anxiogènes et pessimistes », avait lancé en substance le second au premier. M. Fillon s'était exécuté, le doigt sur la couture du pantalon. Les relations entre les deux hommes ont bien changé depuis.

Plus proche de nous, fin janvier 2013, le ministre de l'Emploi de l'époque, devenu depuis ministre de l'Économie, en l'occurrence Michel Sapin, a également enfoncé le clou. Il a même été plus loin puisqu'il a osé affirmer que la France était « *un État totalement en faillite* ». En dépit de multiples efforts de rétropédalages peu convaincants, le mot était lâché.

D'où une autre question : pourquoi MM. Fillon, Sapin et consorts, ont-ils lancé une telle « ânerie » ? Tout simplement parce que leurs conseillers leur ont ouvert les yeux sur l'actif net de l'État français. Cette notion est assez simple : elle représente l'actif (c'est-à-dire le patrimoine : parc immobilier, ports, aéroports, infrastructures, œuvres d'art, etc.) de la puissance publique française duquel on soustrait sa dette.

D'un point de vue comptable, si un agent économique a une dette supérieure à son actif, cela signifie que son actif net est négatif, et qu'il est en situation d'insolvabilité. Car, même s'il vend tous ses actifs, il ne pourra pas rembourser toutes ses dettes. À moins de trouver un financier extérieur, également appelé « chevalier blanc », il sera bientôt mis en faillite.

À cela, certains objectent que, si cette situation peut entièrement se comprendre pour une entreprise, elle ne doit pas s'appliquer à un État. En effet, un État disposant généralement d'un horizon très long, il n'aura pas à rembourser sa dette en une seule fois, sauf situation de guerre. Pour autant, lorsque son actif net est négatif cela signifie qu'il ne dispose plus d'une marge de manœuvre suffisante pour augmenter sa dette, et il doit donc inverser rapidement la tendance.

Or, c'est exactement ce qui s'observe pour l'État français depuis bientôt dix ans. Les chiffres de l'INSEE sont imparables. En 2013, le total des actifs de l'État français atteignait environ 740 milliards d'euros selon nos estimations (établies à partir des derniers chiffres officiels de l'INSEE qui datent de 2011 !), alors que son passif atteignait 1 760 milliards d'euros. Cela signifie donc que l'actif net de l'État était d'environ - 1 020 milliards d'euros. D'ici un an, compte tenu de la faible variation de la valeur des actifs, mais de l'augmentation notable de la dette, l'actif net devrait avoisiner les - 1 200 milliards d'euros.

Certes, si l'on observe le compte de patrimoine de toutes les administrations publiques (c'est-à-dire l'État auquel on ajoute les collectivités locales et sociales), la situation est moins catastrophique. Ainsi, en 2013, toujours selon la méthode de valorisation des actifs de l'INSEE et nos estimations, le total de leurs actifs était de 2 750 milliards d'euros, contre un total des passifs de 2 340 milliards d'euros. Leur actif net était ainsi de +410 milliards d'euros. Il faut néanmoins rappeler que ce dernier était encore de + 884 milliards d'euros en 2007.

Au rythme de l'augmentation de la dette publique, il est à peu près certains que cet actif net deviendra négatif d'ici la fin 2015. Autrement dit, même en vendant tous leurs actifs (y compris la Joconde, le Louvre, le château de Versailles, la tour Eiffel !), les administrations publiques au sens large ne pourront pas combler leur endettement.

Si nous n'en sommes pas encore là, il est frappant de voir avec quelle « décontraction » le gouvernement Valls a annoncé qu'il comptait réduire les déficits en vendant une partie de ses actifs, ce qu'il n'a d'ailleurs pas tardé à faire en cédant certaines de ses participations dans des entreprises cotées en bourse.

C'est ce que l'on appelle vendre les « bijoux de famille ». L'expression est parfois ambiguë mais, dans le domaine économique, elle caractérise simplement les actifs détenus par un particulier, une entreprise, un État, voire une Nation. Le risque étant évidemment de devoir s'en séparer de manière forcée. Ainsi, lorsqu'un de ces quatre acteurs économiques est en cessation de paiement et/ou proche de la faillite, il n'a souvent d'autre choix que de brader ses actifs. S'il s'agit d'un mouvement généralisé à l'échelle d'un pays, une spirale pernicieuse s'engage, avec une forte baisse des prix à la clé. On parle alors de déflation, ce qui signifie que l'inflation est négative. Or, si tel est le cas, le taux d'intérêt réel de la dette (c'est-à-dire le taux d'intérêt nominal moins le taux d'inflation) augmente, ce qui aggrave encore la dette et impose au débiteur de vendre encore plus d'actifs. Le cercle infernal devient dramatique, avec, au bout du chemin, une perte d'indépendance, voire une guerre et/ou un abandon de souveraineté. C'est notamment ce qui s'est passé dans les années 1930 en Europe avec, *in fine*, la Seconde Guerre mondiale.

Évidemment, la France n'en est pas encore là, mais se délester d'une partie de ses actifs pour essayer de réduire ses déficits montre que son état économico-financier se dégrade sérieusement. Une fois de plus, en dépit de cette cinglante réalité, il reste possible de souligner que le principal actif de l'État français n'est pas mesurable, puisqu'il s'agit de son pouvoir de lever l'impôt, c'est-à-dire de décider à tout moment de ponctionner à son profit une partie de la richesse des Français. Il est vrai que la France peut encore s'appuyer sur d'importantes recettes fiscales, notamment liées aux performances de ses entreprises et à une richesse patrimoniale conséquente. Ces deux « vaches à lait » permettent à l'État de continuer à ponctionner, du moins jusqu'à épuisement, ce qui risque de se produire dans quelques trimestres, voire quelques mois.

Dès lors, la négativité de l'actif net de l'État français sera mise en exergue. Ce dernier perdra davantage en crédibilité et verra les taux d'intérêt de ses emprunts flamber, ce qui ne manquera pas de casser un peu plus l'investissement, la croissance et l'emploi. C'est à ce moment-là que la faillite potentielle de l'État français deviendra celle de la France dans son ensemble. M. Hollande n'aura alors d'autres choix que d'admettre cette triste réalité, mais il sera trop tard…

Il faut donc arrêter de liguer les Français les uns contre les autres et d'attiser la lutte des classes, notamment en poussant à son extrême la pression fiscale. Le seul moyen de sortir la France du marasme est, au contraire, de réduire les prélèvements obligatoires qui pèsent sur les ménages et les entreprises. Le problème fiscal de la France est global : seul un « grand soir » fiscal pourra permettre de moderniser l'économie hexagonale et de la rendre plus féconde en emplois.

Cela signifie à la fois diminuer le taux d'imposition pour tous et réduire la complexité fiscale. Que ce soit le Crédit impôt recherche, le CICE ou encore le « pacte de responsabilité », les dirigeants français prennent effectivement plaisir à tout complexifier.

Ainsi, pour simplifier la vie fiscale des Français, il serait optimal de supprimer les niches fiscales, en commençant par réduire drastiquement les impôts qui en sont à l'origine.

Il sera également indispensable de simplifier le code des impôts, ce qui fera certes un peu moins de travail pour les fiscalistes, mais générera un regain d'investissement, d'activité et d'emplois. Parallèlement, pour éviter toute fraude et excès de tracasseries administratives, il serait bon de fusionner l'ensemble des impôts sur les revenus (IRPP, CSG et CRDS) et d'instaurer le prélèvement à la source. De la sorte, ces impôts seraient directement ponctionnés sur les salaires. Souvenons-nous que cette mesure avait été promise par M. Breton lorsqu'il était ministre de l'Économie en… 2006.

Pour restaurer la confiance, il serait également opportun de prendre des mesures chocs et simples de baisse de certains impôts : par exemple, pour les entreprises, faire passer à 20 % le taux supérieur de l'impôt sur les sociétés ; pour les ménages, la CSG, qui est payée par tous, pourrait être abaissée de 3 points, ce qui représente environ 30 milliards d'euros de pouvoir d'achat supplémentaire pour les particuliers.

Dans le même temps, pour donner envie aux exilés français de revenir sur leur terre d'origine, il faudra supprimer l'ISF, en faisant bien comprendre aux citoyens que ce n'est pas en essayant d'appauvrir les riches qu'on enrichira les pauvres. Et pour cause : si les plus fortunés quittent le pays, la croissance s'affaiblit et le chômage augmente, avec *in fine*, moins de revenus pour la classe moyenne et aussi plus de pression fiscale pour elle, en compensation du manque à gagner lié aux départs à l'étranger. Ne l'oublions jamais : l'égalité c'est bien, l'égalisation vers le haut, c'est mieux.

Cette baisse de la pression fiscale pour tous aura au moins quatre effets majeurs quasiment immédiats : améliorer la rentabilité des entreprises, augmenter leur compétitivité et leur production (biens et services), conférer davantage de pouvoir d'achat aux ménages, redonner confiance à l'ensemble des acteurs économiques. Autant d'évolutions qui permettront de relancer l'investissement, l'emploi et la consommation en quelques mois. La croissance s'en trouvera renforcée (d'au moins 1,5 point, soit environ 32 milliards d'euros). Cela élargira l'assiette fiscale, augmentera les recettes de l'État et réduira mécaniquement les déficits. Et ce d'autant que, pour accompagner la baisse des impôts, il faudra lui adjoindre, notre deuxième mesure, en l'occurrence une diminution significative des dépenses publiques.

En conclusion, voici les mesures à prendre rapidement en matière de fiscalité :

1. réduire les prélèvements obligatoires au niveau de la moyenne de la zone euro, soit une baisse de 80 milliards d'euros ;

2. simplifier le code des impôts ;

3. supprimer l'essentiel des niches fiscales et diminuer les taxes auxquelles elles se rapportent ;

4. réduire l'impôt sur les sociétés à 20 % ;

5. abaisser de 3 points le taux de CSG ;

6. supprimer l'ISF ;

7. fusionner la CSG, la CRDS et l'IRPP ;

8. instaurer le prélèvement à la source.

II

RÉDUIRE LES DÉPENSES PUBLIQUES

En attendant que la baisse des impôts joue à plein sur la croissance et afin qu'elle ne produise pas à court terme une augmentation du déficit public, il convient de l'accompagner d'une baisse réelle des dépenses publiques. « Réelle » signifie effective et significative. Car il faut reconnaître qu'en France la baisse des dépenses publiques est devenue l'Arlésienne. Et pour cause : depuis une vingtaine d'années, tous les présidents de la République, les Premiers ministres, les ministres de l'Économie et surtout les ministres du Budget n'ont cessé de le promettre : « l'an prochain, les dépenses publiques vont baisser ». Que de mensonges et de faux espoirs ! D'ailleurs, on ne dit plus menteur « comme un arracheur de dents », mais « comme un ministre du Budget » !

Bien entendu, à l'instar des impôts, les dépenses publiques ont aussi leurs vertus, dans la mesure où elles doivent permettre de favoriser la croissance, d'assurer une meilleure équité sociale via la redistribution, de financer un système de santé efficace et, *in fine*, de contribuer au BIB, le Bonheur intérieur brut.

Seulement voilà, avec les dépenses publiques c'est comme avec le cholestérol : il y a les bonnes et les mauvaises.

Les bonnes sont simplement celles qui génèrent de la croissance et de l'investissement, tout en réduisant les inégalités. Les mauvaises sont les dépenses organisationnelles stériles qui malheureusement sont devenues tellement importantes qu'elles ont annulé une grande partie des effets bénéfiques des premières.

C'est pourquoi, il ne faut surtout pas confondre rigueur et assainissement.

À ce sujet, il faut rappeler que l'accroissement des dépenses publiques et de la dette peut être salutaire. Ainsi c'est notamment grâce à l'emprunt Pinay de 1952-58 que la France a pu s'engager dès les années 1960 dans des programmes à succès, tels que le nucléaire, le TGV, l'Airbus ou Ariane. Mieux, c'est justement dans le domaine des investissements d'avenir fortement coûteux et dont le retour sur investissement est à la fois très lointain et incertain que l'État doit jouer un rôle déterminant.

Néanmoins, il y a aujourd'hui des réalités concrètes et mathématiques très différentes de celles des années 1960 et début 1970. Pour commencer, la France évoluait à l'époque dans une phase de croissance exceptionnellement forte : les Trente Glorieuses. Le taux de chômage n'était que de 2,5 %, si bien que les économistes d'alors estimaient que les chômeurs étaient presque exclusivement volontaires. La natalité était forte, la pyramide des âges extrêmement favorable et les systèmes de retraite par répartition, largement financés. Enfin et surtout, la dette publique ne représentait que 15 à 18 % du PIB. Dans ces conditions, l'État pouvait se permettre d'engager de grands chantiers d'avenir.

Aujourd'hui, la situation est malheureusement bien différente. La croissance française est structurellement molle, le taux de chômage tout aussi structurellement élevé et les systèmes sociaux de santé et de retraite par répartition sont de plus en plus difficilement financés. Pis, la dette publique se rapproche des 100 % du PIB et la charge annuelle des intérêts de la dette représente environ 3 % de ce dernier. En d'autres termes, les marges de manœuvre de l'État français sont beaucoup plus minces que dans les années 1960.

« Et alors ? diront certains. Il faut bien faire quelque chose. De plus, ajouteront-ils, l'État est justement là pour assurer la paix sociale. D'ailleurs, concluront-ils, c'est bien grâce à son État Providence ultradéveloppé et à ses fameux stabilisateurs automatiques (c'est-à-dire à toutes ses protections sociales et autres subventions) que la France peut s'enorgueillir d'être l'un des pays de la zone euro qui a le moins souffert pendant la crise de 2008-2009. »

Nous y voilà ! Selon eux, il n'y aurait pas trop d'État dans l'économie française, il en faudrait même plus, d'où l'idée d'une augmentation de la dépense publique et de la dette, voire le lancement d'un grand emprunt. Si cette thèse peut évidemment sembler séduisante, voire irréfutable, elle n'en est pas moins erronée et surtout très dangereuse. C'est ce que nous appelons le « syndrome du pouf ». En effet, il faut reconnaître que, grâce à ses protections et à ses perfusions publiques en tout genre, l'économie française est parée contre une chute trop violente. Ainsi, lorsqu'elle tombe, elle atterrit sur un pouf qui amortit le choc et assure une certaine paix sociale à court terme. En revanche, une fois bien enfoncé dans le pouf, il est généralement très difficile de se relever. C'est là tout le problème des aides et autres stabilisateurs qui permettent certes de limiter les dégâts lors de la chute mais empêchent ensuite l'économie de se redresser rapidement et fortement, notamment à cause de leur coût exorbitant qui impose une pression fiscale extrêmement forte. C'est d'ailleurs pourquoi si le PIB français a moins plongé que ses homologues pendant la crise de 2008-2009 (- 4 % contre - 4,2 % aux États-Unis et - 6,9 % pour le PIB allemand), il a été incapable de rebondir significativement par la suite.

Depuis la sortie de récession, au deuxième trimestre 2009, le PIB a ainsi progressé de seulement 5,3 % dans l'Hexagone, contre 10,5 % outre-Rhin et 11,4 % aux USA.

Les chiffres sont cruels : depuis le premier trimestre 2008, c'est-à-dire juste avant le début de la récession, le PIB français n'a progressé que de 1,1 %, soit une croissance annuelle moyenne de 0,3 %. Bien loin de ce piètre résultat, le PIB de l'Allemagne a augmenté de 3 % et celui des États-Unis, de 6,7 %.

Dans le même temps, la part des dépenses publiques dans le PIB est passée de 53,3 % à 57,1 % dans l'Hexagone, tandis qu'aux États-Unis et en Allemagne, elle s'est maintenue autour de respectivement 38 % et 45 %. Qui a dit que pour faire de la croissance, il fallait augmenter les dépenses publiques ?

Mais faisons-nous les avocats du diable en soulignant que finalement c'est peut-être cela le modèle social français : beaucoup d'impôts et de dépenses publiques associés à une croissance molle. Cela fait trente-cinq ans que cette situation existe, pourquoi ne pas la prolonger ? Ceux qui tiennent ce discours et surtout ceux qui y croient commettent une erreur tragique. Car, ce que la France a pu se permettre lorsque sa dette publique n'était que de 20 %, 30 % ou même 60 % du PIB, devient impossible avec un ratio de bientôt 100 %. Et ce d'autant que si, dans les années 1980-

1990, la croissance structurelle de la France était de 2,5 % par an, elle n'est plus aujourd'hui que de 0,8 %, niveau hautement insuffisant pour assurer le simple paiement annuel des intérêts de la dette publique. Cela signifie que pour simplement rembourser ces intérêts, il faut encore s'endetter. C'est ce que l'on appelle la « bulle de la dette », à savoir un mouvement cumulatif et auto-entretenu.

Autrement dit, nous avons vécu sur nos acquis depuis 35 ans, et c'est maintenant l'heure de payer la facture. Et oui, à force de s'enfoncer dans le pouf, il s'est affaissé et ne dispose plus de l'épaisseur suffisante pour amortir les chocs…

Nous retrouvons d'ailleurs ici le dilemme entre la bonne et la mauvaise relance budgétaire.

Le principe de la relance a été théorisé dans les années 1920-1930 par Keynes et mis en pratique pour la première fois par Roosevelt avec le New Deal pour remédier à la crise de 1929. Pour autant, au contraire de ce que l'on pense souvent, Keynes n'était absolument pas un émule caché du marxisme ou le tenant d'un État surpuissant. Bien au contraire. Keynes n'a jamais remis en question l'efficacité de l'économie de marché et du libéralisme. Simplement, à ses yeux et comme cela est encore le cas aujourd'hui, le marché n'est pas parfait et, parfois, il ne parvient pas à atteindre l'équilibre. Le cas échéant, il a besoin d'un « super acteur » pour y parvenir. Aussi, lorsque la demande (notamment la consommation des ménages et l'investissement des entreprises) s'effondre et devient inférieure à l'offre (c'est-à-dire, pour synthétiser, la production), les prix reculent fortement. C'est ce que l'on appelle la déflation. Pour contrecarrer cette dernière et sauver le système, l'État doit intervenir en soutenant la demande de manière à la ramener vers l'offre. Pour y arriver, la meilleure politique réside dans un « policy mix » (c'est-à-dire le mixage d'une politique budgétaire et monétaire très accommodante) qui allie augmentation des investissements, baisse de la pression fiscale et des taux d'intérêt.

Cette stratégie engendre alors un déficit public. Mais attention, ce dernier n'est que temporaire. Car, dès que la croissance redémarre, les recettes fiscales augmentent permettant de financer les dépenses publiques générées. Dans ce cadre, l'État peut réduire ses efforts et retrouver au mieux un excédent de ses comptes au pire un équilibre budgétaire. Ce qui lui permettra ensuite de relancer la machine en cas de nouveau ralentissement massif. Autrement dit, Keynes n'a jamais défendu l'idée d'un État surpuissant qui cumule des déficits publics pendant des décennies. C'est malheureusement ce qu'a oublié la quasi-totalité des dirigeants français et européens depuis une trentaine d'années. D'ailleurs, depuis le milieu des années 1970, la France et l'Europe dans son ensemble n'ont jamais affiché d'excédent budgétaire. Dès lors, lorsqu'une crise se produit, leur marge de manœuvre devient par définition extrêmement faible.

À l'inverse, si les États-Unis peuvent régulièrement mener des relances budgétaires c'est justement parce qu'ils réussissent de temps en temps à atteindre un équilibre, voire un excédent budgétaire. Ainsi, si Georges W. Bush a pu en mener une sans précédent au lendemain du 11 septembre 2001, c'est parce que Bill Clinton avait réussi à transformer la croissance des années 1995-2000 en excédent public.

Plus tard, si le même Bush a pu engager un plan de baisse de la fiscalité et de soutien public à l'activité en 2008, c'est parce qu'en 2007 le déficit public américain n'était que de 1,2 % du PIB. Et ce malgré les guerres en Irak et en Afghanistan. Sans elles, on aurait connu un excédent public. À l'inverse, la France (qui n'a fait la guerre à personne, ou presque) n'a plus enregistré d'excédent budgétaire depuis 1974 et est incapable de réduire son déficit public à moins de 4,1 % depuis 2008. Son déficit annuel moyen atteignait 3,3 % du PIB entre 1980 et 1990 et 3,6 % depuis.

Mais il y a encore plus grave. En effet, au cours des vingt dernières années, les dirigeants français ont eu trois occasions claires d'engager l'Hexagone sur la voie de la baisse de la dépense publique et de la modernisation économique, ce qui lui aurait permis d'améliorer sa croissance, de réduire ses déficits et d'éviter par là même de plonger dans la spirale de la dette. Malheureusement, ces trois « aubaines » ont été littéralement gâchées.

La première occasion manquée date des années 1998-2000. À l'époque, la croissance était forte (3,6 % par an), portée notamment par la révolution des NTIC (Nouvelles technologies de l'information et de la communication), une croissance mondiale vigoureuse, un baril peu cher et un euro faible. Il était donc aisé d'assainir les dépenses publiques et de supprimer celles qui étaient superflues.

Pourtant, en dépit de ces « cadeaux du ciel », le gouvernement français de l'époque, en l'occurrence celui de Lionel Jospin, n'a pas le courage ou plutôt l'envie d'abaisser les dépenses et les déficits structurels. Pis, il les augmente, préférant mettre en exergue une « cagnotte » qui n'en est pas une. Comment peut-il effectivement parler de « cagnotte » alors que les déficits publics restent élevés ?! Contre toute rationalité économique et en toute irresponsabilité à l'égard des générations à venir, il transforme un excès de recettes fiscales conjoncturelles en un accroissement des dépenses publiques structurelles. Car, bien évidemment, dans l'Hexagone, lorsqu'on augmente une dépense publique, on ne revient quasiment jamais dessus.

Parallèlement, les dirigeants français choisissent de réduire la durée légale du travail et par là même d'en augmenter le coût, tout en rigidifiant le marché de l'emploi. Ensuite, il y eut le krach Internet, les attentats du 11 septembre 2001, la guerre en Afghanistan, et la croissance forte disparut pour ne plus jamais revenir, du moins dans l'Hexagone. Aussi, dès que la croissance est revenue vers un niveau plus normal (c'est-à-dire autour de 1 %), les déficits publics ont de nouveau explosé.

Cette stratégie court-termiste et par définition inefficace ne portera d'ailleurs pas bonheur à son instigateur, puisque Lionel Jospin ne passera même pas le premier tour des élections présidentielles de 2002, permettant à Jacques Chirac d'être réélu avec plus de 80 % des voix.

D'où la seconde occasion gâchée, puisqu'en dépit de cette réélection avec un score digne d'un dictateur et bien qu'il entamait son second et dernier mandat, notre président amateur de Corona n'engagea aucune réforme de fond. Il y eut bien la réforme des retraites, dite « réforme Fillon », mais elle s'avéra rapidement caduque dans la mesure où son cadrage financier tablait sur une croissance économique de 3 % et un taux de chômage de 4,5 %… Bien entendu, ce dernier est vite remonté vers les 9,5 % dès 2006.

La roue a cependant tourné une nouvelle fois. Grâce à un effet de rattrapage de la faiblesse passée, mais surtout grâce à une croissance mondiale forte, l'économie française a renoué avec un semblant de dynamisme. La croissance s'est redressée au-dessus des 2 % et le taux de chômage est redescendu pour atteindre un point bas de 7,2 % au premier trimestre 2008.

Mais, la malchance s'est encore acharnée sur notre pauvre économie. Celle-ci a effectivement connu un troisième gâchis à partir de 2007, année qui devait marquer le lancement d'une rupture, qui ne vint jamais. Ainsi, alors que la crise des subprimes n'a pas encore éclatée, le président Sarkozy promet qu'il va diminuer les dépenses publiques, moderniser la France et redonner du travail et du pouvoir d'achat à un maximum de Français. Malheureusement, il n'en a rien été et la première année de cette présidence n'a pas été utilisée pour réduire la dépense publique, ni la pression fiscale, ni encore les rigidités du marché du travail. Certes, quelques réformettes ont été effectuées, mais bien insuffisantes par rapport à celles qui étaient indispensables.

Le baril à 150 dollars, l'irresponsabilité de la BCE, l'euro à 1,60 dollar, la faillite de Lehman Brothers, la crise financière, puis celle de la dette publique et enfin celle de la zone euro ont alors fait le reste. La France a logiquement plongé dans la récession et le chômage a flambé. Ainsi, bien qu'ayant été élu sur un programme de baisse des dépenses publiques, le président Sarkozy ne parvint pas à tenir ses promesses et quitta l'Élysée avec un ratio de dépenses publiques/PIB de 56 %, soit presque 4 points de plus qu'à son arrivée.

Face à de tels gâchis, la France est donc naturellement tombée dans la marmite de la « bulle de la dette », perdant au passage son leadership économico-politique européen au profit de l'Allemagne. La vie, y compris politique, est une succession d'opportunités. Il s'agit de ne pas les manquer…

En résumé, si l'action de l'État est indispensable en phase de crise, elle doit être temporaire et efficace. Or, depuis vingt ans en France, lorsque la puissance publique dépense 100, l'économie française n'en récupère que 80 après ponction des impôts. À l'évidence, on doit faire beaucoup mieux.

Aussi, pour que cela change, il faut avant tout jouer la transparence, mais aussi réduire l'ensemble des dépenses publiques, en arrêtant de mentir aux Français et au reste du monde.

Certes, la sagesse populaire nous enseigne que « plus c'est gros, plus ça passe ». Autrement dit, plus un mensonge est énorme, plus il est accepté. Depuis une trentaine d'années, les promesses des dirigeants de la France en matière de baisse des dépenses publiques en sont des exemples flagrants. En effet, bien loin de ces « serments d'ivrogne », les dépenses publiques n'ont cessé d'augmenter. Elles sont ainsi passées de 180 milliards d'euros en 1979 à 525 milliards en 1990, puis 760 milliards en 2000 et, enfin, 1 300 milliards en 2014. En fait, depuis 1959 et le début des statistiques modernes de l'INSEE, les dépenses publiques françaises n'ont JAMAIS baissé. Depuis 1990, les dépenses publiques ont augmenté de 148 %. Sur la même période, les prix ont augmenté de 51 % et le PIB en valeur (donc renchéri de l'inflation) a progressé de 100 %. Eh oui, vous ne rêvez pas, les dépenses publiques ont augmenté 1,5 fois plus que la richesse créée dans l'Hexagone.

Conséquence logique de cette gabegie de dépenses publiques, leur poids dans le PIB est passé de 49,6 % en 1990 à 57,1 % en 2014. Un niveau historique pour la France et l'un des plus élevés du monde. Sur les 189 pays recensés par le FMI, seuls six font « mieux » que nous : le Lesotho (62 %), la Micronésie (62,8 %), les îles Marshall (63,1 %), la Libye (83,4 %), les Tuvalu (100,2 %) et les Kiribati (109,7 %). Un « club » très fermé, auquel on se serait bien passé d'appartenir.

À la rigueur, si cette hausse effrénée des dépenses publiques avait engendré une croissance forte, on pourrait s'exclamer « au diable l'avarice ». Malheureusement, nous en sommes très loin. Et pour cause : depuis 2002, la croissance annuelle moyenne de la France n'est que de 1 %, soit la 29e performance sur les 35 pays de l'OCDE.

Si nos dirigeants reconnaissaient leurs erreurs et avouaient la réalité aux Français, on pourrait éventuellement leur pardonner. Or, non seulement ce n'est pas le cas, mais en plus ils persévèrent dans leurs erreurs et leurs mensonges. Ainsi, comme cela s'est déjà observé l'an passé, et les vingt qui ont précédé, le gouvernement a présenté à l'automne 2014 une Loi de finances 2015 faisant état d'une baisse des dépenses publiques : « la plus forte depuis toujours ! » nous dit-on.

Une fois encore, il s'agit d'un mensonge. Le même mensonge d'État qui prévaut depuis une vingtaine d'années. Effectivement, lorsque le ministre des Finances annonce une baisse des dépenses, il s'agit en fait d'une moindre hausse par rapport à la « progression spontanée » des dépenses (c'est-à-dire celle liée à l'augmentation des prix, à la démographie, etc.). Ainsi, selon cette évolution tendancielle, les dépenses publiques auraient dû progresser de 1,7 % en 2015, alors que, grâce aux « efforts herculéens » du gouvernement, elles ne croîtront que de « 0,2 % » en volume (donc sans inflation) – au moins 1 % en valeur. « Formidable ! » se serait écrié Jack Lang dans un autre temps.

Dans ce cadre, il faut être clair : comme cela s'observe depuis 1959, les dépenses publiques continueront de croître significativement. Autrement dit, à cause de ce refus de baisser véritablement et significativement les dépenses, le gouvernement restera incapable de réduire massivement les impôts, condition sine qua non pour relancer la croissance.

Cela signifie donc que la progression du PIB restera molle, que le chômage continuera d'augmenter et que les déficits publics seront bien plus élevés que prévu. Ils seront d'au moins 4,5 % du PIB tant cette année que l'an prochain.

D'où un autre mensonge d'État : la baisse du ratio dette publique/PIB. Là aussi, nous faisons face à une erreur basique majeure : la dette n'est autre que le cumul des déficits. Dès lors, si l'on veut baisser le ratio dette/PIB, il faut soit retrouver un excédent budgétaire, soit retrouver une croissance du PIB plus forte que celle de la dette, soit les deux. Or, aucun de ces scénarios n'est crédible à moyen terme. Autrement dit, comme je l'annonce depuis des années et notamment dans *Le Dictionnaire terrifiant de la dette*, la dette publique atteindra bien la barre des 100 % du PIB au début 2015.

« So what ? » diront certains. On pourrait même ajouter « la note de la France reste l'une des meilleures du monde et les taux d'intérêt des obligations d'État n'ont jamais été aussi bas », alors pourquoi se fatiguer à baisser les dépenses publiques, les déficits et la dette ?

C'est bien là qu'est le drame. Car, ne l'oublions pas : de 2000 à 2008, en dépit d'une dette publique de plus de

100 % du PIB et de déficits publics chroniquement élevés, la Grèce aussi a bénéficié de taux d'intérêt historiquement bas. Et puis, un jour, les investisseurs se sont réveillés et la crise dite « grecque » a éclaté.

Il s'agit là de ce que l'on appelle un « aléa moral ». En effet, dans la mesure où la politique irresponsable de la France n'est pas sanctionnée depuis des années, les différents gouvernements ne sont pas incités à engager une thérapie de choc, indispensable pour guérir la France. Même l'ancien président Nicolas Sarkozy, pourtant jadis adepte de la rupture, qu'il n'a d'ailleurs jamais appliquée, ne le souhaite plus. Alors que faire ? Attendre qu'une « crise grecque » secoue la France ?

C'est pourquoi, il est absolument déterminant d'engager une vraie baisse des dépenses publiques au plus vite. Ces dernières devront passer de 57,1 % du PIB actuellement à 52 % en deux ans, puis 50 % au maximum en trois ans. En valeur absolue, cela représente une réduction totale d'un montant d'environ 130 milliards d'euros. Cependant, dans la mesure où notre thérapie de choc relancera la croissance, le PIB français en valeur devrait augmenter d'au moins 60 milliards en trois ans, cela signifie que l'effort réel de baisse de la dépense publique sera de 70 milliards d'euros. Si cette somme peut encore apparaître énorme, n'oublions pas qu'elle représente environ seulement 5,3 % de l'ensemble des dépenses publiques. Il s'agira donc d'un électrochoc ambitieux mais tout à fait raisonnable.

D'où une question essentielle : par où commencer ? Vu l'état des tensions sociales, il faut avant tout s'attaquer aux dépenses qui ne sont pas génératrices de croissance, en l'occurrence les dépenses de fonctionnement. Elles représentent environ un tiers de l'ensemble des dépenses publiques. Mais surtout, depuis 2000, elles ont augmenté de 126 milliards d'euros, soit près de 10 milliards d'euros par an et un accroissement annuel moyen de 3,1 %. Cela signifie d'ailleurs que si ces dépenses avaient seulement stagné depuis 2000, le poids des dépenses publiques dans le PIB serait déjà de 50 % (contre, rappelons-le, 57,1 % actuellement). C'est dire combien l'irresponsabilité d'une grande partie des dirigeants publics nous coûte cher.

De plus, d'un point de vue sociétal, il est inacceptable de demander aux Français de se serrer encore la ceinture, alors que les dirigeants publics augmentent leurs dépenses de fonctionnement sans vergogne et en toute inefficacité économique.

Il est donc non seulement urgent que cela change, mais il faut surtout inverser la tendance et baisser significativement ces dépenses.

Pour y arriver, il faut tout d'abord établir un audit sérieux des dépenses publiques en identifiant l'ensemble des gaspillages de manière à les supprimer. Cela fait certes des années que la Cour des comptes réalise un tel travail, qui reste malheureusement lettre morte. Cet audit devra être diffusé et expliqué au plus grand nombre, de manière à responsabiliser et à fédérer l'ensemble des Français.

D'ores et déjà, nous connaissons quelques mesures à prendre d'urgence. Il faut notamment supprimer plusieurs tranches du « mille-feuille » administratif. Pour commencer, fusionner les régions et les départements. Il est effectivement assez incroyable de voir que ces deux entités publiques ont souvent les mêmes attributions, qui sont d'ailleurs également présentes au niveau des organismes centraux. Il ne s'agit donc pas de doublons mais de « triplons ».

De plus, sur un total de dépenses de 260 milliards d'euros, les collectivités locales consacrent 175 milliards aux seules dépenses de fonctionnement, soit quasiment 70 %. Comment est-il possible de tolérer une telle disproportion ?

Parallèlement, il faudra lutter contre les gaspillages et les fraudes, tout en introduisant un minimum de bon sens dans les décisions de politique budgétaire. Ainsi, comment peut-on continuer de reconduire automatiquement les dépenses d'une année sur l'autre ?

A fortiori, il n'est plus concevable d'augmenter les dépenses dans des secteurs déjà pléthoriques. À commencer par l'Éducation nationale, dont les effectifs et les dépenses ne cessent de croître, alors que le nombre d'étudiants n'augmente plus, voire baisse certaines années, et surtout que les universités et écoles publiques françaises sont loin d'être en tête des classements internationaux.

Dans le même temps, pour rassurer les Français et leur redonner confiance dans leurs dirigeants politiques, il sera également bienvenu de prendre des mesures symboliques, telles que la suppression du Sénat, l'interdiction du cumul des mandats et la réduction constitutionnelle du nombre de ministères à 15, en supprimant les postes de secrétaires d'État.

En outre, une réduction de moitié du nombre de députés sera appréciable. Comment peut-on effectivement concevoir que nous maintenions 577 députés en France, contre 435, aux États-Unis, soit respectivement un député pour 113 000 habitants, contre 1 pour 730 000 ?

De même, comment peut-on accepter que 880 personnes travaillent à l'Élysée, contre 583 à la maison blanche ?

En outre, il sera opportun de diviser par deux le nombre de communes. Est-il effectivement bien raisonnable de conserver 36 681 communes, avec tous les coûts exorbitants que cela engendre, sans oublier les 15 547 établissements publics de coopération intercommunale ? Encore des doublons inacceptables.

Et si ces réformes indispensables apparaissent en contradiction avec la Constitution, alors il ne faudra pas hésiter à passer à la VIe République. Une république évidemment différente de celle dont rêvent les partis extrémistes, qui ferait de l'efficacité économique et sociale des dépenses publiques un objectif constitutionnel.

Cet objectif devra être partagé à la fois par l'État, les administrations sociales et les collectivités locales. Quelques ordres de grandeurs : sur un total d'environ 1 350 milliards d'euros de dépenses publiques dans l'Hexagone, la part des collectivités sociales atteint 570 milliards d'euros, celle de l'État 490, et celle des collectivités locales 260, soit respectivement 43 %, 37 % et 20 %.

L'optimisation et la réduction des dépenses sont donc l'affaire de tous, de même qu'un enjeu de bon sens. On découvre par exemple que, bien souvent, la règle du non-remplacement d'un fonctionnaire sur deux partant à la retraite a été contournée. Certes, ce dernier n'a pas été remplacé par un autre fonctionnaire, mais par un privé. Il y a donc moins de fonctionnaires, mais toujours autant, si ce n'est plus, de dépenses publiques.

En ce qui concerne les administrations de sécurité sociale, il faut reconnaître que la question est délicate car, face au marasme social actuel, il serait catastrophique de réduire les aides sociales. Pour autant, il faut absolument repenser ces dernières vers plus d'efficacité, moins de fraude et de gaspillage. De même, face au vieillissement de la population, il faut mieux allouer les dépenses publiques, par exemple en réduisant le nombre de militaires et les dépenses de fonctionnement dans les administrations centrales, locales et régionales, mais en dépensant plus pour certains hôpitaux. Au-delà de la nécessité d'engager moins de dépenses, il faut surtout dépenser mieux.

Bien entendu, le système de santé devra également être modernisé, pour une meilleure efficacité. Il serait ainsi opportun de prendre exemple sur la révolution engagée en la matière au Canada ou en Nouvelle-Zélande. Les moyens informatiques permettent effectivement de mieux contrôler les dépenses de santé, en évitant que des patients aillent voir plusieurs médecins pour la même pathologie, se fassent prescrire des médicaments dont ils n'ont pas besoin et/ou en quantité trop importante. De la sorte, les abus, les gaspillages, voire les fraudes pourront disparaître progressivement du paysage français.

À titre d'exemple, si la CMU (sujet polémique par définition) rappelle que la France est vraiment un pays formidable, son coût de 1,5 milliard d'euros par an souligne néanmoins que l'humanitaire ne doit pas se faire au détriment de la bonne gestion.

En matière de réduction des dépenses publiques, la réforme des retraites demeure également un point central. En effet, la dernière énième « réforme » des retraites (dite

Ayrault) n'a fait que colmater des brèches sans répondre aux questions de fond. Et pour cause, elle s'est contentée d'allonger la durée de cotisation à 43 annuités à compter de 2035. Il ne s'agit donc que d'une réformette qui ne résout absolument pas le problème structurel de financement de la retraite par répartition. Lorsque cette dernière a été créée et jusqu'au début des années 1970, on comptait près de 3,5 actifs pour un retraité. Le financement de ce système consistant à faire payer les retraites par les actifs ne posait donc aucun problème. Pourtant, on savait déjà que ce « système Ponzi » finirait forcément par exploser à partir du moment où les effets du baby-boom de l'après-guerre s'inverseraient. « Dans les années 2010 », disait-on à l'époque, ce qui paraissait bien loin.

Aujourd'hui, on ne recense plus que 1,51 actif pour un retraité. À l'instar du système Madoff qui s'est effondré lorsque les nouveaux cotisants n'étaient plus suffisamment nombreux par rapport aux anciens, le système de retraite par répartition à la française est voué à l'explosion. Souligner une telle réalité ne relève pas de la politique, ni même de l'économie, mais simplement de la mathématique. Pourtant, en dépit d'une telle évidence, les dirigeants français continuent de vouloir maintenir le statu quo, à quelques artifices près.

De plus, la réforme des retraites de Jean-Marc Ayrault ne table pas sur une convergence des régimes spéciaux et du régime général. Les disparités de calcul des pensions des régimes du privé et du public sont également maintenues. Nous sommes donc très loin d'une véritable justice. Chaque individu est capable de comprendre que s'il vit plus longtemps (et c'est tant mieux), il doit forcément cotiser plus pour garder le même niveau de prestations retraites qu'avant. En revanche, il doit aussi avoir la certitude que ces cotisations supplémentaires ne serviront pas simplement à entretenir le « mammouth » ou à payer des personnes ayant beaucoup moins cotisé que lui. La suppression des régimes spéciaux (qui ne concernent d'ailleurs pas seulement le secteur public) est inévitable si l'on veut sauver le système de retraite par répartition, mais le gouvernement actuel, comme d'ailleurs ses prédécesseurs depuis vingt ans, a trop peur de s'attaquer à cette institution.

En outre, il ne faut pas que la réduction du déficit du système de retraite passe par une augmentation des cotisations sociales (salariales et patronales) et donc un alourdissement du coût du travail. Comme nous le verrons dans notre troisième mesure, tout alourdissement du coût du travail est une erreur stratégique ne faisant qu'aggraver la mollesse de l'économie française, avec faible croissance et chômage élevé à la clé. Plus globalement, comme ses prédécesseurs, la réformette Ayrault se contente d'établir des prévisions de croissance et de chômage irréalistes, avec des colmatages de brèches en tout genre, des saupoudrages de mesurettes et une augmentation des impôts qui pèsera principalement sur les entreprises. Autrement dit, beaucoup de bruit et de marketing pour pas grand-chose ou plutôt pour beaucoup d'inefficacités.

En fait, parallèlement à la restauration de la croissance (évoquée précédemment notamment grâce à la baisse de la pression fiscale), la solution devra passer par une plus grande responsabilisation des Français face à leur retraite et une harmonisation de l'ensemble des systèmes. Ensuite, chacun pourra choisir : partir tard ou tôt à la retraite et, en fonction de son choix, recevoir plus ou moins de pension. Dans le même temps, il faudra forcément soutenir le système par répartition avec une retraite par capitalisation (c'est-à-dire financée par l'épargne privée) qui permettra aux retraités de toucher l'ensemble des sommes collectées pendant leur vie active, soit d'un seul coup soit sous forme de rente. Les deux mots-clés du sauvetage de la retraite française sont donc « responsabilité » et « liberté ». Il n'est plus possible de continuer à entretenir la déresponsabilisation des Français à l'égard de l'économie en général et des systèmes sociaux en particulier, en désignant constamment des boucs émissaires, et en défendant qu'il suffit d'augmenter les impôts pour résoudre les problèmes.

Face à l'ampleur des réformes à mener et vu le dogmatisme qui règne dans le gouvernement actuel comme dans l'ensemble de la classe politique française, il serait tentant de penser que tout est perdu d'avance. Mais on ne sait jamais : ce sont parfois les pacifistes qui font la guerre et les guerriers qui font la paix. N'oublions pas, en l'occurrence, que c'est un gouvernement de « gauche », celui de Gerhard Schröder, qui a initié les réformes allemandes...

En bref, voici les mesures à prendre rapidement en matière de baisse des dépenses publiques :

1. réduire la part des dépenses publiques dans le PIB au niveau de la moyenne de la zone euro, c'est-à-dire 50 % ;

2. diminuer drastiquement les dépenses de fonctionnement ;

3. fusionner les régions et les départements ;

4. réduire de moitié le nombre de députés ;

5. diviser par deux le nombre de communes ;

6. supprimer le Sénat ;

7. limiter le nombre de ministères à 15 ;

8. interdire le cumul des mandats ;

9. auditer en permanence la dépense publique pour la rendre plus efficace en termes de croissance, d'emploi et de lutte contre les inégalités ;

10. optimiser et mieux contrôler les dépenses de santé ;

11. réformer la retraite par répartition en supprimant les différences de régimes et en lui adjoignant une retraite par capitalisation.

III

DIMINUER LE COÛT DU TRAVAIL

À côté d'une pression fiscale prohibitive et d'une dépense publique trop inefficace, c'est le troisième handicap majeur de l'économie française : un coût du travail exorbitant, parmi les plus élevés du monde. Certes, lorsque les salariés français regardent leur salaire net et entendent une telle affirmation, ils ont du mal à l'accepter. Et pour cause : ce n'est pas la rémunération nette des salariés qui est en jeu, mais l'ensemble des charges qui pèsent sur le travail. Entre le salaire net reçu effectivement par l'employé et le coût global pour l'entreprise (charge salariales et patronales), il existe un rapport de un à deux. Pour ne rien arranger, le coût du travail français n'a cessé de croître depuis quinze ans.

Ainsi, en 2000, le coût de l'heure de travail dans l'industrie et les services marchands était de 24,42 euros en France, contre 20,78 euros dans l'UEM, mais 26,34 euros en Allemagne. Le postulat très répandu d'une main-d'œuvre allemande plus chère que celle de l'Hexagone était donc bien vrai. En revanche, ce n'est plus le cas aujourd'hui. En effet, en 2014, ce même coût horaire était de 35,60 euros en France, contre 29,27 euros dans l'UEM et 33,15 outre-Rhin. Autrement dit, alors que, depuis 2000, le coût du travail a augmenté de « seulement » 26,9 % en Allemagne et de 40,9 % dans l'UEM, il a progressé de 45,8 % dans l'Hexagone.

Ce qui est d'autant plus dommageable que, sur la même période, le PIB français en valeur n'a augmenté que de 15 % et les prix, de 28 %. Non, vous ne rêvez pas : en quinze ans, le coût horaire du travail, en France, a progressé trois fois plus que la richesse en valeur et presque deux fois plus que les prix. À titre de comparaison, le PIB en valeur et les prix se sont accrus respectivement de 18 % et 27 % en Allemagne. Le coût du travail y a donc progressé au même rythme que l'inflation, réduisant à peau de chagrin les gains de pouvoir d'achat des salariés allemands.

Cela ne veut pas dire pour autant que les Français ont trop de pouvoir d'achat… Bien au contraire. Et ce pour deux raisons principales. Primo, l'essentiel de l'augmentation du coût du travail ne revient pas directement aux employés sous forme de salaire net, mais est relatif à l'augmentation des charges qui pèsent sur les salaires, soit disant pour financer les déficits sociaux. Cela nous rappelle que l'aggravation des déficits publics n'est pas qu'un problème d'économiste mais pèse directement sur le quotidien des Français.

Secundo, les revenus d'une grande majorité des Français augmentent insuffisamment par rapport aux prix des produits qu'ils consomment le plus. C'est d'ailleurs la raison pour laquelle il existe un écart entre l'inflation affichée par l'INSEE et la perception qu'en a une large partie des citoyens. En effet, depuis une vingtaine d'années, les prix qui augmentent le plus sont ceux de l'alimentation, de l'énergie et des loyers, c'est-à-dire des produits dont la part dans le total des dépenses est inversement proportionnelle aux revenus. En d'autres termes, plus les revenus des ménages sont modestes, plus la part de ces produits à forte inflation dans le total de leurs dépenses est importante et plus par là même leur pouvoir d'achat est faible.

C'est là que réside l'échec principal de la société française depuis une quinzaine d'années : elle nivelle par le bas et appauvrit la classe moyenne. Voilà pourquoi, il est tout à fait possible d'avoir une inflation moyenne faible, voire une quasi-déflation comme c'est le cas aujourd'hui, mais un pouvoir d'achat en berne pour une majorité de citoyens.

Toujours est-il que, lorsque les entreprises et les investisseurs français et internationaux comparent les coûts du travail, la productivité et la fiscalité de la France, et ceux du reste du monde, ils ont beaucoup de mal à choisir l'Hexagone pour investir et embaucher. La France se paie d'ailleurs le luxe d'être classée troisième dans la zone euro en terme de cherté du travail, après la Belgique (41,55 euros) et le Luxembourg (36,71 euros).

Alors que faut-il faire ? La réponse est évidente : il est urgent de réduire les charges qui grèvent les salaires d'au moins 15 %. De la sorte, le coût du travail s'en trouvera diminué, mais les salaires nets revalorisés et le pouvoir d'achat des Français avec.

Une question reste néanmoins en suspens : comment financer ces moindres recettes ? Là aussi, la réponse est simple. En fait, elle est double. Pour y parvenir, il suffit de transférer une partie du financement des dépenses sociales qui pèse aujourd'hui sur les salaires vers la TVA, mais sans augmenter le taux de cette dernière (actuellement de 20 %, un niveau déjà très élevé). Ce qui signifie que si l'on ne compense pas la baisse des charges par une hausse des recettes de TVA, il faudra parallèlement réduire les dépenses publiques pour éviter un nouveau creusement du déficit.

Autrement dit, oui à la réduction des charges et à leur intégration dans la TVA mais pas d'augmentation du taux de TVA. Il s'agirait donc bien d'une TVA sociale mais à taux constant.

Car, ne nous leurrons pas : la TVA sociale « à l'allemande », c'est-à-dire avec une hausse du taux de TVA est une vraie fausse bonne idée pour la France.

En effet, imposer une augmentation de 3 points de la TVA, dont 1 point serait compensé par la baisse des charges sur les salaires (c'est du moins ce qui a été décidé outre-Rhin) serait une erreur de politique économique.

La simple juxtaposition des deux notions « TVA sociale » pose déjà un problème. Et pour cause : comment peut-on qualifier de sociale une taxe qui constitue, par essence, l'un des impôts les plus inégalitaires qui soit ? En effet, la TVA est payée par tout consommateur dans les mêmes proportions, quels que soient ses revenus. Augmenter le taux de TVA serait un très mauvais signal envoyé à l'ensemble des Français en matière d'équité. En outre, les chômeurs et les retraités qui, par définition, ne seraient pas concernés par la baisse des charges sur le travail, seraient fortement lésés. Une bonne fois pour toutes, la TVA est tout sauf sociale !

Certes, il serait tout à fait louable de réduire le coût du travail en France et de redonner ainsi un peu de compétitivité à notre appareil productif tant dans l'industrie que dans les services. De la sorte, il serait parfaitement concevable de transférer une partie des charges qui pèsent sur le travail vers la consommation. Cependant, cela ne pourrait se faire qu'à pression fiscale inchangée. Dans la mesure où cette dernière est déjà l'une des plus élevées au monde, une augmentation supplémentaire serait dramatique.

Une augmentation du taux de TVA dite « sociale » pèche également par trois autres voies.

Premièrement, l'augmentation de la TVA jointe à une réduction des charges qui pèsent sur les salaires ne serait pas créatrice d'emplois. Compte tenu de la forte concurrence qui règne en France et dans le monde en matière de prix à la consommation, il est clair que les producteurs et distributeurs Français ne pourraient pas répercuter l'augmentation de la TVA sur leurs prix de vente. Dès lors, ils subiraient un manque à gagner qu'ils devraient compenser en réduisant leurs coûts, notamment au travers de gains de productivité augmentés, d'achat de produits étrangers moins chers ou carrément de production réalisée à l'étranger. Avec, au mieux, une stagnation des effectifs et au pire, une réduction de l'emploi en France. Nous arriverions ainsi exactement au contraire de ce qui était souhaité.

Deuxièmement, l'augmentation du taux de TVA ne réduira en rien les importations. En effet, certains avancent que la TVA sociale redonnera de la compétitivité aux produits nationaux au détriment des produits importés. Selon leurs arguments, les prix des produits nationaux augmenteront d'environ 2 % (3 % pour la TVA - 1 % pour les charges sur les salaires), tandis que les prix des produits importés augmenteront de 3 % puisqu'ils subiront de plein fouet la hausse de la TVA sans bénéficier de la baisse des charges. Indépendamment du fait que la hausse de la TVA ne sera pas forcément répercutée complètement sur les prix, il est clair que cet argument est simpliste et très loin de la réalité économique.

D'abord, parce qu'un écart de 1 % sur les prix demeure particulièrement faible, surtout lorsque l'on sait que les écarts de coûts de main-d'œuvre entre la France et certains pays émergents peuvent atteindre, voire dépasser, 50 %. Ensuite, rien n'empêchera les producteurs étrangers de réduire leur prix de 1 % pour compenser la variation de l'écart de prix lié à la TVA sociale. Enfin, il existe aujourd'hui de plus en plus de produits qui ne sont plus fabriqués dans l'Hexagone, notamment dans l'informatique, la vidéo, la hi-fi, la téléphonie, l'électroménager… Autrement dit, la TVA sociale n'entravera en rien la flambée des importations.

Troisièmement, l'exemple allemand n'est absolument pas transposable en France. En effet, outre-Rhin, le taux de TVA est passé de 16 % à 19 %, un niveau donc encore inférieur à celui qui prévaut aujourd'hui dans l'Hexagone. Le porter de 20 % à 23 % serait prohibitif et réduirait l'équité de l'impôt qui, rappelons-le, revêt normalement un critère de justice sociale et de redistribution.

De plus, même si nous pensons qu'ils sont tout à fait prêts à accepter un traitement de choc, les Français ne sont pas pour autant des Allemands. En cinq ans, nos voisins ont effectivement enduré une baisse de leurs salaires réels, une flexibilisation du marché du travail, la réduction de certains acquis sociaux et enfin l'augmentation du taux de TVA. Il est clair que, de tous ces efforts, les Français ne pourront en supporter la moitié sans contrepartie. D'ailleurs, avant de s'attaquer à la TVA, les Allemands ont réformé en profondeur leurs structures économiques, permettant à leurs entreprises de retrouver le chemin de l'investissement et de l'emploi. Ne mettons donc pas la charrue avant les bœufs : pour imaginer augmenter la TVA dans l'Hexagone, il faudrait préalablement créer les conditions nécessaires à la relance de l'investissement et l'emploi, ce qui est loin d'être le cas.

Pour toutes ces raisons, engager la France dans une TVA sociale à l'allemande serait contre-productif et constituerait par là même une grave erreur de politique économique. Pis, dans un contexte où la consommation française est déjà en berne, une hausse du taux de TVA serait suicidaire. Elle ne ferait que rogner encore le peu de pouvoir d'achat des ménages, alimenterait la baisse de la consommation et nous replongerait dans la récession.

S'il est donc indispensable de réduire les charges qui pèsent sur le travail, il est tout aussi important de protéger la consommation.

Une analyse et une politique tout en nuances seront également nécessaire sur l'autre grand thème caractérisant le coût excessif du travail en France, en l'occurrence le Smic. Dans l'Hexagone, à l'annonce d'une rémunération jugée excessive, il est fréquent d'entendre dire : « ce salaire constitue XYZ Smic, soit NN années de travail ». Cette formule (souvent utilisée par des commentateurs politiques désirant faire mouche) illustre à quel point la notion de salaire minimum est devenue incontournable dans notre société. Elle est également clivante. Car, si pour certains le Smic est une source de croissance, pour d'autres il constitue la principale cause du chômage…

Si la réponse doit être nuancée, il est néanmoins clair que le Smic n'est pas un facteur de création d'emplois. D'ailleurs, de nombreux pays ont supprimé leur salaire minimum ou en ont refusé l'instauration. Le dernier en date est la Suisse, qui, le 18 mai 2014, avec un suffrage de 76 % des électeurs, n'a pas été favorable à l'établissement d'un salaire minimum équivalent à 4 000 francs suisses bruts par mois, soit 3 300 euros. Les vingt-six cantons que compte le pays ont d'ailleurs été unanimes. Imaginez une telle situation en France : oui ou non, êtes-vous favorable à une hausse du Smic horaire dont le niveau s'établit actuellement à 9,53 euros brut ? Il est évident que le « oui » l'emporterait et la victoire serait même sans doute écrasante. Tout comme il l'emporterait sur un ensemble d'autres questions auxquelles les Suisses ont d'ores et déjà répondu « non ».

À titre d'exemple, en mars 2011, ces derniers refusèrent de passer de quatre à six semaines de congés payés par an, là où certaines entreprises françaises accordent près de neuf semaines à leurs salariés (RTT incluses). Ces Suisses sont-ils tombés sur la tête ? Certainement pas. La logique de l'honneur du pays veut en effet que la compétitivité des firmes soit en tout temps protégée en ce sens qu'elle constitue le cœur de la croissance économique helvète. Et quand les ménages français se préoccupent de l'organisation de leurs prochaines vacances (qu'il conviendra le plus souvent de faire coïncider avec un jour férié pour épargner des jours de congés supplémentaires), les ménages suisses se soucient de protéger leur industrie et donc leur (plein) emploi (le taux de chômage s'y élève actuellement à 3,2 %).

En découle une question logique : existe-t-il une corrélation entre un taux de chômage relativement élevé et l'existence/le niveau d'un salaire minimum au sein d'un pays ? La comparaison entre la Suisse et la France pourrait donner envie de répondre par la positive. Mais ce serait intellectuellement malhonnête. Car les choses sont en fait bien plus compliquées.

La clé réside dans la signification effective du « C » de Smic. En France, la bataille de l'emploi, sacralisée par la célèbre formule « inversion de la courbe du chômage », s'est hélas soldée par une défaite. Entre mars 2012 et aujourd'hui, le nombre de demandeurs d'emploi s'est accru massivement, battant record sur record. Face à un tel constat et aux échecs des politiques économiques en faveur de l'emploi, de nombreux observateurs en sont venus à s'interroger sur le niveau du Smic. S'agit-il en effet d'un Salaire minimum interprofessionnel de Croissance ou bien de Chômage ? Autrement dit, la lettre « C » pour « Croissance » ne serait-elle pas un non-sens ?

Il existe deux façons de voir les choses. Si l'on accepte le « C » de « Croissance », cela signifie implicitement que le niveau actuel du Smic permet à tout travailleur de disposer d'un salaire minimum suffisamment conséquent pour acquérir des biens de consommation et donc contribuer à la croissance économique du pays. Aussi, pour des raisons économiques mais aussi de cohésion sociale, il apparaît nécessaire de garantir à chaque individu cette possibilité d'accéder à un niveau de vie décent par l'intermédiaire de son travail.

À l'inverse, le « C » de « Chômage » indique que le niveau actuel du Smic constitue une barrière à l'entrée sur le marché du travail. La théorie sous-jacente à cette assertion est celle de la rémunération des facteurs de production à leur productivité marginale. Le principe est très simple : plus la contribution à la production du nouveau travailleur embauché au sein d'une firme est forte, plus son salaire sera élevé. Or, à en croire les détracteurs du Smic, le niveau actuel du salaire minimum serait supérieur au degré de productivité de certains demandeurs d'emploi. La hausse du chômage en France s'expliquerait donc par les revalorisations automatiques du Smic, dont l'évolution dévierait progressivement de celle de la productivité des travailleurs.

Croissance contre Chômage, voici donc les thèmes qui gravitent autour de la notion de salaire minimum. Plus précisément de son niveau. Les débats sont très animés, voire passionnés. Ainsi, régulièrement, l'actuel président du Medef, Pierre Gattaz, avive la polémique en annonçant qu'il faudrait favoriser la mise en place d'un « Smic intermédiaire » pour « les personnes très éloignées de l'emploi et pour les jeunes » (comprenez ayant une faible productivité relative). Une proposition qui n'est pas du goût de Laurence Parisot, ancienne présidente du syndicat patronal, qui dénonce « une logique esclavagiste ». En clair, ce désaccord est une illustration du débat entre Chômage et Croissance. Mais rien de nouveau sous le soleil. Car en avril 1996 déjà, alors que la France comptait 3,13 millions de demandeurs d'emploi, l'économiste américain Gary Becker (lauréat en 1992 du prix de la Banque de Suède en sciences économiques en mémoire d'Alfred Nobel) avait préconisé au gouvernement français de « diminuer fortement le Smic », au motif que certains travailleurs avaient une « productivité inférieure à ce minimum », les excluant de fait quasi automatiquement du marché du travail.

Les débats autour du Smic ne datent donc pas d'hier. C'est sans doute d'ailleurs l'élément le plus alarmant de l'histoire… Mais ce qui nous intéresse, c'est bien de comprendre ce que signifie le terme « élevé ». S'interroger sur le niveau du Smic revient en réalité à le comparer. Tout d'abord, aux autres salaires minima existants dans le monde. Mais aussi à ce qu'il a été dans le passé.

Une manière intéressante et pertinente d'observer les différents niveaux du salaire minimum dans les pays développés consiste à effectuer des comparaisons en termes réels (élimination des effets de l'inflation pour chaque pays) et en dollars américains à parité de pouvoir d'achat (neutralisation des effets de change entre chaque pays). Ainsi, selon les données publiées par l'OCDE, en 2013 la France garantissait un salaire horaire minimum de 10,63 dollars, soit le deuxième plus haut du monde, talonnant le Luxembourg et ses 10,65 dollars. La comparaison avec les autres pays confirme donc que le caractère « élevé » du salaire minimum français n'est pas une légende. Il convient par ailleurs de noter que la Belgique (9,97 dollars) et les Pays-Bas (9,48 dollars) font également partie des pays garantissant un salaire minimum relativement élevé.

À ce stade pourtant, il semble impossible de conclure que le niveau élevé du Smic français influe directement sur le taux de chômage. Pour preuve, le Luxembourg affiche actuellement un taux de chômage de « seulement » 6,1 % avec quasiment le même niveau de salaire minimum. En réalité, il existe une différence fondamentale entre ces deux pays : la productivité du facteur travail (comprenez des travailleurs). Pour obtenir une bonne mesure de cet indicateur, il suffit de rapporter le PIB en valeur sur la population active qui travaille (c'est-à-dire la population active moins le nombre de demandeurs d'emploi). Entre 1992 et 2013, on constate ainsi que la productivité moyenne des travailleurs français a progressé de 11 % contre plus du double (quasiment 23 %) pour ceux du Luxembourg.

Mais il y a pire. Comparer l'évolution de la productivité moyenne des travailleurs français et celle du Smic entre 2000 et 2013 permet de mieux comprendre la situation actuelle du marché du travail. En effet, en raison de revalorisations régulières, le Smic a progressé sur cette période d'environ

20 %. Dans le même temps, on observe une hausse de seulement 4 % de la productivité moyenne des travailleurs. Un véritable décalage qui semble donc avoir été fatal aux chercheurs d'emploi qui, à en croire la théorie de Becker, ont été automatiquement exclus du marché du travail. Sur cette période en effet, le nombre de chômeurs a connu une hausse de 24 %.

Ces données de l'OCDE et d'Eurostat laissent donc à penser que le « C » de Smic renvoie plus à la notion de Chômage qu'à celle de Croissance. Il apparaît donc nécessaire qu'un débat sérieux autour de la question du salaire minimum s'ouvre, en particulier au regard du taux de chômage record que connaît actuellement le pays. L'idéal serait évidemment de le supprimer, ce qui avec la réduction des charges prônée plus haut serait indolore, voire bénéfique, pour le salarié, puisque son salaire net serait augmenté.

Mais attention, le Smic n'est qu'une variable parmi tant d'autres. L'arbre qui cache la forêt. Il joue d'ailleurs plus le rôle d'un symbole. Car il ne fait aucun doute que les nombreuses autres rigidités du marché du travail (que nous verrons notamment dans le quatrième point de notre traitement de choc) permettent d'expliquer la détérioration de la situation de l'emploi en France.

Plus globalement, la réduction du coût du travail en France doit avant tout permettre une meilleure correspondance entre les salaires, le travail effectué et la productivité. Autrement dit, il est indispensable d'expliquer aux employés que leur salaire vient rémunérer un travail, qui crée une richesse pour l'entreprise et la collectivité.

De même, il serait bon d'augmenter la partie variable du salaire, en fonction des résultats du salarié et de l'entreprise et ce, en toute transparence, c'est-à-dire en fonction d'un calcul clair et validé chaque début d'année. Cette variabilité instaurera une plus grande justice entre les salariés et constituera une émulation positive au sein de l'entreprise mais aussi dans l'ensemble de la société française.

Plus globalement, cela participera à développer « l'intrapreunariat ». En effet, à cause d'une culture économique trop faible et trop souvent articulée autour de la lutte des classes, les salariés ont souvent une vision négative de leurs dirigeants et plus largement de l'entreprise. Il est urgent de stopper cette « maladie ». Il faut créer du « liant » au sein des entreprises, ce qui participera à soutenir la cohésion de la société française. Il faut faire comprendre que si l'entreprise se porte bien, ce n'est pas seulement positif pour le patron ou les actionnaires, mais pour l'ensemble des salariés. Outre les efforts pédagogiques à mettre en place au sein des entreprises pour aider à cette prise de conscience, l'augmentation de la partie variable du salaire contribuera à améliorer le ressenti du salarié. Réciproquement, si le salarié est « bien dans ses baskets », son engagement pour la bonne marche de l'entreprise ira croissant.

Les patrons et les salariés sont dans le même bateau. S'ils réalisent que travailler de concert sera bénéfique à tous, l'ensemble de la société française en sortira grandi. Cela n'est d'ailleurs pas un rêve, mais une réalité constamment vérifiée dans les pays et les entreprises qui ont su promouvoir un mouvement de responsabilisation collective.

À ce sujet, l'exemple de Volkswagen paraît tout à fait illustratif. Il montre que les pouvoirs publics allemands ne sont pas les seuls à avoir fait preuve de courage. Les entreprises, les syndicats et les salariés ont aussi apporté leur pierre à l'édifice du sauvetage du « made in Germany ». En 2002-2003, ce fleuron de l'automobile allemande est au bord de la faillite. La direction de l'entreprise réunit alors les responsables du personnel et les syndicats, dont le puissant IG Metall. « L'heure est grave », leur dit-elle en substance. « Nous vous donnons le choix suivant : soit vous acceptez un gel des salaires pendant sept ans et nous maintenons la production et l'emploi en Allemagne, soit vous refusez et nous serons obligés de délocaliser une grande partie de la production, avec fermeture d'usines et destructions d'emplois à la clé. »

Presque sans hésitation, les syndicats allemands ont répondu unanimement : « nous comprenons la gravité de la situation et, pour sauver l'emploi, nous acceptons le gel des salaires pendant sept ans ».

Mais l'histoire ne s'arrête pas là. En effet, lorsqu'au bout de cinq ans, Volkswagen est redevenue profitable, la direction de l'entreprise aurait pu continuer à geler les salaires pour encore deux ans (comme les accords avec les syndicats le lui permettaient). Pour autant, elle a décidé de les augmenter d'environ 10 % en moyenne dès la cinquième année. Une belle leçon de courage, d'honnêteté et de transparence dont devraient bien s'inspirer les partenaires sociaux français.

Plus que des réformes, évidemment indispensables, l'Allemagne bénéficie d'une population responsable, disposant d'une culture économique développée et d'un sens du sacrifice peu commun en Europe. Vivement que cela arrive en France !

Pour conclure, voici les mesures à prendre rapidement en matière de réduction du coût du travail :

1. réduire de 15 % les charges qui pèsent sur les salaires ;

2. augmenter d'autant le salaire net ;

3. transférer une partie des charges qui pèsent sur les salaires vers la TVA mais sans augmenter le taux de cette dernière ;

4. supprimer le Smic ;

5. créer une meilleure correspondance entre le travail effectué et la rémunération ;

6. accroître la part variable du salaire ;

7. développer « l'intrapreunariat ».

IV

MODERNISER LE MARCHÉ DU TRAVAIL ET SUPPRIMER LES 35 HEURES

Dans le prolongement de la réduction du coût du travail, la France doit également remédier au plus vite à l'autre grand handicap de son marché du travail : une rigidité et une complexité sans égales. Pour l'illustrer, un simple fait vaut mieux que de longs discours : déjà épais de 2 600 pages en 2005, le code du travail français compte actuellement 3 400 pages, contre environ 100 pages en Suisse et 500, en Allemagne. Évidemment, en lisant ces quelques lignes, certains ne manqueront pas de crier à la manipulation ou encore à la promotion de l'ultralibéralisme. Ils sont malheureusement, parfois bien malgré eux, le reflet des archaïsmes qui font passer la France du statut de puissance de premier plan à celui de pays en déclin. Bien sûr, les salariés doivent être défendus. Il existe aussi des patrons voyous à la cupidité débordante. Il ne s'agit néanmoins que d'exceptions qui confirment la règle : la création d'emplois dans l'Hexagone est structurellement freinée par un marché du travail trop rigide qui exerce une pression réglementaire souvent insupportable, en particulier pour les PME. Pour elles, un contrôle Urssaf qui tourne mal ou un procès perdu aux prud'hommes est souvent synonyme de fermeture. À croire que les agents de l'inspection du travail préfèrent des salariés au chômage que des salariés qui travaillent dur, en toute légalité évidemment. À preuve du contraire et sauf accidents inévitables, le travail ne tue pas dans l'Hexagone. Il est donc grand temps de mettre fin à la dictature d'un code du travail prohibitif et d'une inspection du même nom qui voit toutes les entreprises comme esclavagistes. Ne l'oublions jamais : ce sont les entreprises qui créent des emplois et pour qu'elles le fassent il faut instaurer des conditions favorables. Disons-le clairement : beaucoup de PME sont contraintes de renoncer à l'embauche, tant elles craignent de ne pouvoir réduire la voilure en cas de retournement de conjoncture, sauf à subir les affres des prud'hommes et de procès dévastateurs. C'est triste à dire, mais les barrières au licenciement économique sont avant tout des freins à l'embauche.

Bien sûr, certains n'hésiteront pas à rappeler que les profits des entreprises du Cac 40 ne cessent de croître tandis que le nombre de chômeurs bat des records chaque mois. Face à ce contraste douloureux entre des marchés boursiers heureux et des chômeurs français de plus en plus nombreux, la tentation pourrait être grande de mettre en cause les dérives du capitalisme et de souligner que si les entreprises du Cac 40 se portent bien c'est justement parce que le chômage augmente. En d'autres termes, aux armes citoyens, la lutte des classes doit s'intensifier, tous à la Bastille !

Si ce raccourci est évidemment facile, il est surtout erroné. Et pour cause : si les profits des entreprises du Cac 40 augmentent c'est parce que près de 80 % d'entre eux sont réalisés à l'étranger. À l'inverse, la grande majorité des PME franco-françaises voient leurs profits stagner et souvent régresser. Sans parler de celles qui mettent la clé sous la porte. Autrement dit, il n'y a pas de spoliation des Français par les entreprises, mais simplement un accroissement de leur activité hors de l'Hexagone. Pourquoi ? Tout simplement, parce que, comme ce livre s'emploie à le montrer, la pression fiscale, le coût du travail et les rigidités du marché de l'emploi y sont trop élevés, mais aussi parce que la croissance et la confiance y sont trop faibles.

C'est d'ailleurs pour ces raisons que le nombre de chômeurs ne cesse de battre des records. Les quelques emplois aidés, hier pour les jeunes et demain peut-être pour les « seniors », ne sont que des palliatifs qui masquent la gravité de la situation. Pis, ces aides créent des « poches de précarité », condamnant les moins de vingt-cinq ans à des emplois jeunes mal rémunérés et reléguant les plus de cinquante-cinq ans dans la pré-retraite et/ou des voies de garage.

Même si les dirigeants politiques français refusent de l'admettre depuis des années, il faut bien comprendre que tant que la croissance ne dépassera pas durablement 1,5 %, il sera quasiment impossible de baisser significativement le chômage. Et ce d'autant que les rigidités du marché du travail agissent comme un frein à l'embauche et dissuadent les entreprises de créer des emplois, par peur des coûts et des contraintes que ces derniers pourraient engendrer.

Dans ce cadre, caduques depuis déjà cinq ans, les promesses gouvernementales de faire reculer le chômage d'ici l'an prochain sont tout aussi irréalistes. Avec plus de 3,5 millions de chômeurs de catégorie A (c'est-à-dire de demandeurs d'emploi n'exerçant aucune activité et « faisant des actes positifs de recherche d'emploi ») et plus de 6,1 millions si l'on considère les chômeurs toutes catégories (de A à E, donc y compris entre autres les emplois aidés) pour l'ensemble de la France (avec les DOM), notre beau pays n'est malheureusement pas près de mettre fin à ce fléau.

Le plus paradoxal est que cette flambée du chômage s'opère alors que des pénuries de main-d'œuvre s'observent structurellement depuis plus de vingt ans. Selon Pôle emploi, il y aurait chaque année entre 300 000 et 380 000 offres d'emploi non-satisfaites.

Ce chiffre astronomique est également dû aux rigidités du marché du travail, et notamment à la mauvaise adéquation entre les formations scolaires et universitaires et les besoins réels des entreprises. Voilà pourquoi la France « réussit » à combiner l'un des taux de chômage des moins de 25 ans les plus élevés du monde développé (24 % selon Eurostat), des bacs + 5 qui ne trouvent pas d'emploi à leur niveau et doivent se contenter de postes sous-qualifiés, et aussi d'importantes pénuries de main-d'œuvre dans certains secteurs d'activité, depuis le bâtiment et l'hôtellerie jusqu'à l'ingénierie informatique en passant par le conseil aux entreprises.

Pour y remédier, il faut absolument améliorer les échanges entre les écoles au sens large et le monde de l'entreprise, mais aussi développer les diplômes et les formations en anticipant les évolutions économiques et non en réagissant aux besoins du passé, comme le fait trop souvent et depuis trop longtemps l'Éducation nationale.

À ce sujet, il faut noter qu'en France l'âge moyen du premier CDI est de 30 ans. Avouons que, même si l'espérance de vie augmente, c'est un peu tard pour fonder un foyer…

Au-delà du problème de formation et de l'inquiétude des entreprises quant à la capacité des jeunes à s'adapter à leurs demandes, nous touchons également du doigt l'inefficacité de la multiplicité des contrats d'embauche (CDI, CDD, CDD à objectif défini, contrat de travail à temps partiel, contrat de travail intermittent, contrat d'apprentissage, contrat de professionnalisation, etc.). Là aussi trop de complexité, trop de rigidité. Il serait tellement plus simple de créer un contrat unique, révisable régulièrement, qui imposerait de plus aux salariés et à leur direction de rester constamment en contact.

Par ailleurs, si les carences de formation sont des freins à l'embauche des jeunes, elles le sont aussi pour les quadras et les seniors. En effet, on estime qu'entre le début et la fin de la vie active, le « capital formation » d'un individu (salarié, indépendant, artisan, chef d'entreprise) doit être multiplié par neuf. Si tel n'est pas le cas, son emploi et sa capacité à en (re)trouver se trouvent menacés.

Pour ne rien arranger, la mobilité géographique et sectorielle des travailleurs français est l'une des plus faibles du monde développé. Nous retrouvons ici le « syndrome du pouf » qui est tel que trop de protections et de confort tuent la réactivité et *in fine* la capacité à retrouver un emploi. Apprendre et inciter les Français à se remettre en question, en migrant géographiquement et sectoriellement est donc indispensable pour fluidifier le marché de l'emploi et réduire le chômage.

Ce qui nous amène à une autre dangereuse rigidité du marché du travail hexagonal, en l'occurrence la longue durée d'indemnisation du chômage. En effet, si « faire un break » après un licenciement est compréhensible, surtout s'il a été douloureux, attendre trop longtemps pour chercher activement un nouvel emploi peut devenir un piège duquel il peut être très difficile de sortir. Et pour cause : plus le temps passé au chômage est long, plus l'employabilité du chômeur se réduit. A fortiori, s'il a dépassé la quarantaine.

Pour éviter de tomber dans un tel piège, il serait opportun de réduire la durée d'indemnisation à un an, quitte à augmenter quelque peu les indemnités mensuelles, en fonction du système d'assurance chômage choisi pendant la période d'emploi. Il conviendrait donc là aussi de responsabiliser le salarié pour lui permettre de choisir le montant de cette dernière ainsi que les cotisations chômage qu'il devra acquitter.

Enfin, pour parfaire la libération du marché du travail et des énergies qui s'y exercent, il faudra forcément abroger la loi rigide sur les 35 heures. Ne nous berçons pas d'illusions : sujet polémique par excellence depuis leur création, les « 35 heures » ont et vont encore faire couler beaucoup d'encre. En effet, au-delà de ses aspects idéologiques et dogmatiques, cette loi théorisée par Dominique Strauss-Khan et mise en pratique par Martine Aubry pose une question essentielle : quel est son coût réel et, par là même, son impact historique sur notre compétitivité au niveau mondial ?

La réponse est tout simplement mathématique : plus le volume d'heures travaillées (c'est-à-dire le nombre de personnes qui travaillent multiplié par le nombre d'heures travaillées) augmente, plus la richesse augmente. Et réciproquement.

Au cours des trente dernières années, ce volume d'heures travaillées a augmenté d'environ 50 % aux États-Unis. Il a stagné dans la zone euro et baissé de 10 % en France. Cocorico : la France est l'un des seuls pays au monde où le volume d'heures travaillées a baissé durant cette période.

Ce résultat peu flatteur s'explique évidemment par un effet 35 heures, mais surtout par le taux d'emploi en France, c'est-à-dire le nombre de personnes qui travaillent par rapport au nombre de personnes en âge de travailler. Si ce taux atteint 73 % aux États-Unis, il n'est que de 63,9 % en France. Et ce pour deux raisons principales. D'une part, on finit ses études de plus en plus tard et, d'autre part, on quitte le marché du travail de plus en plus tôt, en raison notamment du système des préretraites, puis des départs volontaires anticipés. Le système malthusien de réduction du chômage ne porte pas ses fruits : moins il y a de travail, moins il y a de revenus, moins il y a de croissance et donc moins il y a d'emplois. D'ailleurs, sur ces trente mêmes dernières années, au cours desquelles l'écart entre le volume d'heures travaillées aux États-Unis et en France s'élève à 60 points, l'écart de croissance entre les deux pays atteint 50 points. Le différentiel de croissance s'explique donc presque intégralement par l'écart de volumes d'heures travaillées. Imaginer que travailler moins suffirait à faire progresser la croissance est bel et bien une erreur historique.

Martine Aubry, en instaurant les 35 heures, pouvait-elle l'ignorer ? Non sans doute. À sa décharge, il faut reconnaître que, dans certaines entreprises, les 35 heures fonctionnent relativement bien, surtout dans les grandes, entre autres grâce à l'annualisation du temps de travail. Cela permet notamment d'ajuster le nombre d'heures travaillées par semaine à l'activité de l'entreprise, l'essentiel étant de se conformer au cadre légal des 35 heures hebdomadaires sur l'ensemble de l'année. Dans ce cadre, on gagne en flexibilité et en productivité. D'ailleurs, la productivité dans le secteur privé est identique aux États-Unis et en France. En revanche, c'est très différent au niveau de la productivité totale.

En effet, la productivité correspond à un ratio entre la valeur ajoutée créée (c'est-à-dire le PIB) et l'emploi. Or, la part des dépenses publiques dans le PIB dépasse 57 % en France et 49 % dans la zone euro, contre 37 % aux États-Unis. Autrement dit, comme plus de la moitié de notre PIB (c'est-à-dire la sphère publique) n'est pas soumis aux règles de la productivité, contre un gros tiers aux États-Unis, il est logique que la productivité totale soit moins flatteuse. En France, le secteur privé doit compenser la faible productivité du secteur public.

À ce sujet, une autre réforme devra être menée sur la réduction des différences entre salariés du public et du privé. Car si la sécurité absolue de l'emploi des fonctionnaires était à l'origine compensée par leur moindre rémunération comparativement aux salariés du privé que le chômage menace tout au long de leur carrière, ce calcul ne vaut plus aujourd'hui. En effet, les différences de salaires sont désormais très réduites, alors que les risques de licenciement des salariés du privé ont fortement augmenté.

Dans ce cadre, il semble opportun de laisser les salariés choisir entre la garantie d'un emploi à vie et un meilleur salaire. Cela permettra non seulement de réduire les inégalités sur le marché du travail français, mais également d'améliorer la productivité globale.

En outre, il existe deux moyens de faire progresser la productivité, c'est-à-dire le PIB rapporté à l'emploi. Le premier consiste à augmenter la richesse encore plus que l'emploi. C'est le cas idéal. Le second consiste à maintenir le PIB et à baisser l'emploi. La productivité augmentera aussi, mais elle ne sera pas une « bonne » productivité. C'est malheureusement ce qui s'observe souvent dans l'Hexagone.

Autrement dit, si les 35 heures avaient été accompagnées d'une forte baisse du chômage et d'importantes créations d'emplois, leurs effets négatifs auraient pu être dilués. Or tel n'a pas été le cas, pour la simple raison que les 35 heures ont augmenté le coût du travail et réduit par là même l'appétence pour la création d'emplois. Le vrai problème des 35 heures réside dans son caractère rigide et autoritaire. À la rigueur, si une entreprise réussit à utiliser les 35 heures pour annualiser le temps de travail et augmenter les gains de productivité, pourquoi pas ? En revanche, pour de très nombreuses entreprises et en particulier les PME, elles ne sont pas applicables sans dommages collatéraux sur la rentabilité et *in fine* sur l'emploi.

Aussi, les 35 heures ont des effets négatifs sur les salariés. Pour être plus juste, il faudrait donner le choix à tous, en accord avec leur direction : travailler plus de 35 heures et gagner davantage, ou garder les 35 heures mais être payé en conséquence.

De plus, toujours dans l'optique de travailler davantage pour augmenter ses revenus, il serait bon de libérer les horaires et les jours d'ouverture des magasins, y compris le dimanche. Comme écrivait Antoine de Rivarol au XVIIIe siècle : « *Je travaille autant que je peux, mais jamais autant que je voudrais* ». Rien n'a donc véritablement changé depuis. Aussi, le débat concernant la libre ouverture des commerces est fondamental pour l'avenir de la France. Tout d'abord, parce qu'il s'agit d'un combat pour la liberté. Ensuite, parce qu'en ces temps de crise la liberté de travailler tout le temps, 24 heures sur 24 et 7 jours sur 7, peut offrir à la France un relai de croissance non négligeable lui permettant de gagner des points dans la bataille contre le chômage et d'améliorer le niveau de vie des Français. Enfin, parce que la liberté doit l'emporter sur la dictature syndicale française. Au passage, lorsqu'un syndicat attaque une enseigne qui ouvre le dimanche, et qu'il gagne, il bénéficie en tant que plaignant du montant des astreintes décidé par le tribunal. Un business fructueux… qui se fait au détriment des salariés et des consommateurs.

Bien entendu, comme pour le choix du nombre d'heures hebdomadaires travaillées, le travail dominical, en soirée et les jours fériés, devra se faire sur la base du volontariat et compensations salariales à la clé. De la sorte, de nombreux Français pourront arrondir leurs fins de mois, consommer davantage, donc soutenir la croissance et l'emploi, alimentant une dynamique vertueuse de vigueur économique.

En attendant, les enquêtes internationales d'Eurostat sont formelles : en 2013, la durée effective de travail des salariés à temps plein était de 1 661 heures en France, soit quasiment le plus bas niveau de l'Union européenne, juste devant la Finlande qui décroche la palme du « farniente » avec 1 648 heures. La France présente ainsi un retard de 120 heures sur l'Italie, 186 heures sur l'Allemagne et 239 heures sur le Royaume-Uni. Entre 1999 et 2013, cette durée effective du travail à temps complet a baissé de 14,8 % dans l'Hexagone, contre 8,9 % en Allemagne et 3,1 %, au Royaume-Uni.

Face à l'ensemble de ces contre-performances et de ces rigidités, auxquelles il faut bien sûr ajouter une pression fiscale dramatique, de plus en plus d'entreprises françaises, y compris des PME, se demandent si elles doivent délocaliser leur siège à Londres ou Amsterdam.

Attention, les délocalisations ne sont pas forcément la panacée. Cette décision doit être prise en fonction de la nature de l'entreprise, de ses relations avec ses clients et ses fournisseurs. Il ne faudrait pas que les coûts organisationnels d'une délocalisation d'un siège à l'étranger s'avèrent supérieurs aux gains fiscaux. Cependant, il est vrai que, compte tenu de la pression fiscale historique mais aussi de l'ampleur des tracasseries administratives qui pèsent sur les entreprises, cette solution est de plus en plus tentante. À force de jouer avec le feu, le gouvernement va bien finir par se brûler. Il l'aura cherché.

Évidemment, dans l'ensemble des mesures à mettre en place pour faire baisser le coût du travail et moderniser le marché de l'emploi, certains pourront voir une sorte de « dumping social » visant à brader les acquis sociaux des travailleurs français. Qu'ils soient rassurés, de par son histoire et son niveau de développement, le coût du travail français ne pourra jamais tomber au niveau de celui des pays émergents. Du moins, pour le moment. Heureusement d'ailleurs, sinon cela signifierait une déflation catastrophique.

Pour autant, il faut regarder la réalité en face : au cours des vingt dernières années, à cause notamment d'un coût du travail trop élevé, la France est entrée dans une phase de désindustrialisation massive. Depuis 1990, l'industrie nationale a ainsi détruit 1,43 million d'emplois nets, soit une baisse de 31,1 %. Le niveau actuel de la production industrielle est d'ailleurs celui qui prévalait en 1992.

Certes et fort heureusement, les services ont réussi à compenser en partie ces destructions de richesses et d'emplois. Mais le mal est là : la France souffre bien d'un problème de compétitivité. Cela ne signifie pas qu'il faille baisser fortement les salaires et engager l'économie française dans une déflation dévastatrice. Il faut néanmoins réagir. Car si l'on attend que les coûts salariaux et les marchés du travail des pays émergents ressemblent au nôtre, on risque de s'impatienter. Avant que les Chinois passent aux 35 heures, il y a de la marge !

Un ajustement à la baisse du coût du travail et une réduction des rigidités réglementaires qui pèsent sur le marché de l'emploi s'imposent donc. C'est à ce prix que nos entreprises pourront retrouver le chemin de la croissance forte.

Cependant, au risque d'en surprendre certains : les entreprises françaises ne sont pas sous-compétitives. Et pour cause : en dépit d'une croissance économique hexagonale de 1 % par an depuis une décennie et de 0 % depuis six ans, elles réussissent à investir, innover, embaucher et même faire des profits.

En fait, nos entreprises nationales sont même plus compétitives que leurs homologues allemandes ou américaines. En effet, que ce soit en Allemagne ou aux États-Unis, les pouvoirs publics font tout depuis des années pour favoriser les entreprises et l'initiative privées : réduction des charges, diminution de l'impôt sur les sociétés, fluidification du marché du travail, favorisation du développement à l'export…

Bien loin de ces stratégies de bon sens, l'État français n'a cessé d'augmenter les contraintes, ainsi que les coûts fiscaux et réglementaires qui pèsent sur les entreprises hexagonales. Autrement dit, il suffirait que ces obstacles soient légèrement abaissés pour que nos entreprises fassent des étincelles. Ce ne sont donc pas elles qui manquent de compétitivité mais l'économie française.

Ne l'oublions pas, si les biens manufacturés allemands se vendent globalement mieux que les français, ce n'est pas parce qu'ils sont moins chers, mais parce qu'ils sont de meilleure qualité et/ou de haute technologie et/ou innovants et/ou disposant d'une meilleure image. Voilà la bonne compétitivité.

C'est d'ailleurs ce qui nous amène à la cinquième mesure phare de notre thérapie de choc : le développement de l'innovation.

Avant de l'expliciter, rappelons les mesures à prendre rapidement en matière de fluidification et de modernisation du marché du travail :

1. simplifier drastiquement le code du travail ;

2. réduire les contraintes à l'embauche et au licenciement ;

3. limiter la période d'indemnisation du chômage à un an ;

4. choisir son type d'assurance chômage et les cotisations qui pèsent sur le salaire en conséquence ;

5. créer un contrat de travail unique ;

6. améliorer les correspondances entre les formations scolaires et universitaires et les besoins des entreprises ;

7. développer les formations tout au long de la vie professionnelle ;

8. favoriser la mobilité géographique et sectorielle ;

9. supprimer le caractère obligatoire des 35 heures ;

10. permettre aux salariés de choisir leur temps de travail et d'être payés en conséquence ;

11. libérer les horaires et les jours d'ouverture des magasins, y compris le dimanche, avec compensations salariales ;

12. donner le choix aux fonctionnaires entre « sécurité de l'emploi et moindre salaire » versus « fin de l'emploi à vie et salaire augmenté ».

V

INNOVER MASSIVEMENT ET ABOLIR LE PRINCIPE DE PRÉCAUTION

« *Des chercheurs qui cherchent, on en trouve, des chercheurs qui trouvent, on en cherche.* » Cette phrase prononcée par le général de Gaulle en 1965 n'a pas pris une ride et résume toujours assez bien le problème de la recherche dans l'Hexagone : la recherche fondamentale est très pointue, mais la recherche appliquée laisse trop souvent à désirer.

Or, le seul moyen de croître indéfiniment réside justement dans l'innovation et son corollaire, les révolutions technologiques. Et cela tombe bien, puisque plusieurs révolutions technologiques sont en mouvement : les NTE (Nouvelles technologies de l'énergie), les NTA (Nouvelles technologies de l'agro-alimentaire), les nanotechnologies, le prolongement des NTIC (Nouvelles technologies de l'information et de la communication) et bien sûr la fameuse « green economy ».

Depuis quelques années à travers le monde et notamment dans l'Hexagone, l'économie verte fait effectivement un véritable tabac. Mais, au-delà du succès marketing, il ne faudrait pas tomber dans le piège de la mode et du mimétisme qui consisterait à penser qu'hors du « vert » point de salut, en particulier parce que derrière cette « noble cause » peuvent se cacher des sous-entendus très pernicieux voire dangereux, à commencer par la théorie de la décroissance. Ainsi, la « green economy » constitue à la fois une chance pour l'avenir économique de la planète et un danger dont il est pour le moment difficile de parler, tant les esprits restent enchantés par la vision d'un monde vert.

En effet, dans la mesure où la terre est ronde et où nous vivons dans un monde à l'horizon spatiotemporel limité, la croissance infinie ou durable ne peut a priori pas exister. Elle ne serait donc qu'une illusion qui devient une bulle et qui finit forcément par exploser. Dans ce cadre, la seule solution qui semble possible réside dans ce que l'on appelle la décroissance. Ce qui signifierait simplement qu'après avoir trop crû (le « cru » du verbe croire pourrait aussi convenir), nous devons désormais décroître pour éviter l'éclatement de la bulle et *in fine* sauver la planète.

Si cette théorie apparaît séduisante, elle pèche néanmoins sur deux points. D'une part, si, pour des pays riches, il est à la rigueur possible de concevoir la décroissance, cette dernière est parfaitement injuste pour des pays en développement, qui n'auraient donc pas le droit de croître et rattraper leurs grands frères d'Occident. Sous couvert d'égalitarisme, la théorie de la décroissance et son alliée, celle de l'altermondialisation, ne reviendraient donc finalement qu'à maintenir, voire aggraver, l'écart qui sépare les pays riches des moins riches. N'oublions pas qu'il y a trente ans les pays émergents qu'on appelait à l'époque les PVD (les Pays en voie de développement) ne réalisaient qu'environ 10 à 15 % de la croissance mondiale chaque année. Depuis 2002, grâce à la mondialisation des années 1990 et aux transferts de technologies et de capitaux qu'elle a permis, les pays émergents sont devenus les locomotives de la croissance mondiale.

D'autre part, le deuxième travers de la décroissance réside dans le fait que sans croissance, il n'y a pas d'emploi. Et sans emploi, les revenus reculent et la grogne sociale monte. L'exemple de la flambée du chômage qui sévit depuis 2009 dans de nombreux pays à travers la planète, et notamment en France, montre combien la décroissance peut coûter cher. Or, si la révolution verte doit passer par le chômage et la crise sociale, il y a clairement un problème de faisabilité et de pérennité. D'ailleurs, n'oublions pas que dans l'expression « développement durable », il y a développement…

S'il faut donc bannir la décroissance, la problématique de la croissance infinie dans un monde fini reste entière et appelle une réponse efficace. Cette dernière est finalement simple et réside justement dans l'innovation, et notamment dans la « green economy ». En effet, le seul moyen de générer une croissance infinie ou durable dans un monde fini passe par l'optimisation de l'existant, principalement au travers du progrès technologique. Ainsi, comme cela s'observe depuis le XVIIe siècle, le développement économique repose sur des cycles de long terme qui naissent avec les révolutions technologiques. Le processus est toujours le même : la révolution technologique génère une forte hausse des investissements dans les nouveaux secteurs, qui, à son tour, entraîne une croissance vigoureuse et d'importantes créations d'emplois, notamment via le processus de « destruction créatrice », qui consiste à supprimer des emplois dans les anciens secteurs d'activité pour en créer beaucoup plus dans les nouveaux.

Ensuite, une phase de maturité s'installe au travers d'un mouvement de fertilisation de la révolution technologique à l'ensemble de l'économie. Malheureusement, cette phase est directement suivie par la formation d'une bulle spéculative, liée au fait qu'il reste très difficile de valoriser financièrement les nouvelles entreprises. Au début de la révolution Internet, certains pensaient par exemple que toutes les entreprises « .com » allaient faire fortune et qu'il était donc justifié de les valoriser très cher. Évidemment, il n'en était rien. Très vite, la réalité des résultats financiers prend le dessus et un assainissement s'opère, détruisant de nombreuses entreprises non rentables et conservant les rares projets innovants et performants. La bulle finit alors par éclater, entraînant une phase de récession qui ne se terminera qu'avec la révolution technologique suivante.

La dernière révolution technologique a été celle des NTIC. On les résume souvent à la « bulle Internet », pourtant ces technologies ont complètement modifié nos économies, nos comportements et nos habitudes de vie.

Le pays qui a d'ailleurs bénéficié le plus de cette révolution technologique a été les États-Unis. En effet, là-bas, elle a duré plus de dix ans et paraît toujours loin d'être terminée. Elle s'est notamment traduite par une très forte hausse des investissements, de l'emploi et de la croissance structurelle. A contrario, l'Europe et la France, qui n'ont vraiment vécu cette révolution que pendant deux ans, ont vu leur croissance potentielle reculer. Ne l'oublions pas, cette dernière caractérise la croissance qui est obtenue lors d'un fonctionnement normal de l'économie, c'est-à-dire avec une utilisation optimale des facteurs de production (le capital et le travail). Et ce sans choc exogène, qu'il soit positif (par exemple une relance budgétaire ou une devise sous-évaluée) ou négatif (notamment une crise financière ou un choc pétrolier).

Pour l'améliorer, trois moyens principaux sont à notre disposition : augmenter le volume d'heures travaillées (c'est ce que devrait permettre les points 3 et 4 de notre thérapie), accroître l'investissement productif (ce qui devrait découler de l'ensemble des mesures de notre traitement) et développer les gains de productivité au travers du progrès technologique et notamment des efforts de Recherche-développement (R&D).

Ainsi, en 1990, la croissance structurelle était la même des deux côtés de l'Atlantique, en l'occurrence 2,5 %. Quinze ans plus tard, la révolution des NTIC a permis d'élever celle des États-Unis à 3,2 %. Alors qu'en Europe et en France, où le manque d'investissement a été criant, elle est tombée à 1,8 % au début des années 2000 pour atteindre aujourd'hui 0,8 % !

Autrement dit, refuser les ruptures ou mal les préparer peut coûter très cher.

À cet égard, la révoluton Internet a été exceptionnellement positive. Après l'éclatement de la bulle au début des années 2000, de trop nombreux économistes ont parlé d'une courbe en « L », c'est-à-dire d'une récession durable. Ils pensaient qu'après le surinvestissement de la bulle les entreprises s'engageraient dans un mouvement de désinvestissement massif. Mais ils avaient oublié que la durée de vie des équipements de cette révolution est très courte. Dans les NTIC, au bout de deux ans, les équipements sont obsolètes et il faut réinvestir. Et c'est ce qui s'est produit. D'où un mouvement auto-entretenu de croissance économique.

Aujourd'hui, nous devons donc nous préparer à vivre de nouvelles révolutions, celles des NTE, des NTA, des nanotechnologies et de la « green economy ». En plus de limiter notre dépendance au pétrole et d'améliorer nos conditions de vie, ces révolutions vont permettre d'augmenter la croissance structurelle.

Tout l'enjeu par la suite sera de mettre en œuvre la « destruction créatrice » au niveau des emplois, via la mobilité sectorielle et géographique. C'est en cela que les réformes du marché du travail préconisées dans l'Hexagone apparaissent encore indispensables pour réussir les challenges technologiques de demain et soutenir durablement l'activité.

Mais attention, la « green economy » ne doit absolument pas consister à créer une « écotaxe » pour se donner bonne conscience. Si tel est le cas, cette révolution technologique prolongera l'actuelle décroissance, avec tous les dangers qu'elle comporte. Non, cette révolution verte doit au contraire se traduire par une augmentation de l'innovation et des dépenses de Recherche & développement à bon escient, c'est-à-dire avec des conséquences concrètes en termes de créations de richesses et d'emplois.

C'est dans ce cadre que se sont positionnés la relance Obama, ainsi que les efforts de la Chine, qui est dernièrement devenue le pays qui investit le plus en R&D dans les énergies renouvelables. Quant à l'Europe et la France, si elles étaient leaders dans les NTE dans les années 1980, elles ont largement perdu cette avance au profit d'une augmentation des dépenses publiques principalement utilisées pour colmater les brèches et entretenir le train de vie d'États beaucoup trop coûteux et donc trop soucieux, pour que rien ne change, d'augmenter les impôts.

La médaille de la « green economy » a donc bien deux faces : l'une restrictive et contre-productive de l'écotaxe et l'autre innovante, donc créatrice de richesses et d'emplois, de l'investissement efficace en R&D. Espérons que, pour une fois, les Français et les Européens sauront prendre la bonne décision…

Pour ce faire, il faudra notamment supprimer le « principe de précaution » qui nous empêche de tester les nouvelles technologies et par là même d'innover.

Nous ne savons pas encore si les OGM et les gaz de schistes sont des panacées ou des écueils. Nous savons néanmoins qu'en 2050, sauf si une guerre nucléaire survient entre-temps, il y aura 9 milliards d'êtres humains sur terre.

Or, avec les ressources agricoles et énergétiques actuelles, il sera impossible de nourrir, d'éclairer et de chauffer tout ce monde. Dès lors, les OGM et les gaz de schistes sont une des réponses possibles. Peut-être pas les meilleures, elles ont au moins le mérite d'exister.

De plus, nous savons d'ores et déjà que, dans les pays qui les ont intégrés, ces développements technologiques sont des moteurs de croissance. En particulier aux États-Unis qui les ont utilisés non seulement pour relancer leur économie mais également pour réduire leur dépendance au reste du monde et éviter de devoir guerroyer un peu partout. D'où, soit dit en passant, une réduction des dépenses militaires, donc des dépenses publiques. Une partie de ces dernières pourra alors être redirigée vers l'innovation, soutenant par là même l'activité économique… et le cercle vertueux se poursuivra.

Certes, il serait presque possible de dire que la France n'est pas aussi mauvaise élève qu'on pourrait le penser, au regard de son ratio R&D/PIB. En effet, ce dernier est stable depuis vingt ans à 2 %, contre 2,8 % aux États-Unis. La différence n'est donc que de 0,8 point. Pour autant, 0,8 point par an pendant vingt ans, cela s'appelle tout simplement un retard technologique. Que dire alors du fossé qui s'est creusé avec la Suisse (ratio R&D/PIB de 3 %) ou encore avec la Chine, dont la R&D atteint 2 % du PIB depuis une dizaine d'années et qui, en valeur absolue, est devenue la deuxième plus forte R&D du monde derrière celle de l'oncle Sam.

Que les Chinois nous copient, ce n'est pas dramatique. Ce qui le serait c'est qu'ils innovent plus vite que nous. C'est pourquoi l'innovation doit être un processus permanent, comme à bicyclette, si on s'arrête de pédaler on tombe ! Il faut toujours garder un temps d'avance.

Mais l'innovation ne concerne pas seulement la high-tech, elle doit également s'appliquer à tous les stades des processus de production. L'innovation doit faire partie de la culture d'entreprise à tous les niveaux. Malheureusement, nous en sommes encore loin.

Face à ces décalages devenus structurels, il pourrait être tentant d'augmenter encore les financements publics de la R&D. Soyez rassurés, nos têtes pensantes françaises l'ont déjà fait. Si bien que, depuis quinze ans, 40 % des dépenses de R&D de la France sont publiques, soit un des niveaux les plus élevés du monde. L'augmenter encore aurait donc peu d'effet. Pour une raison simple : il n'y a pas assez de ponts entre la recherche fondamentale et la recherche des entreprises. Nous retrouvons ici la fameuse « boutade » du général de Gaulle évoquée plus haut et, plus fondamentalement, la faible efficacité de la dépense publique française.

Le semi-échec (c'est un euphémisme) des « pôles de compétitivité » est symptomatique de la mauvaise exploitation de la recherche. À l'origine, l'idée était salutaire. Mais, pour ne faire de peine à personne (notamment à certains départements), on a voulu en créer trop, ce qui s'est traduit par des pôles trop petits. La recherche a au contraire besoin de gros centres en lien direct avec les entreprises. On comprend aisément que tant de chercheurs français partent aux États-Unis : ils y sont trois fois mieux payés, leur recherche est valorisée, ils publient plus facilement et profitent très tôt des ponts établis avec le monde de la production.

En plus de supprimer le principe de précaution, il est indispensable d'améliorer la recherche appliquée et de mieux orienter les financements publics, en faisant notamment abstraction des contingences politiciennes, souvent à l'origine du déblocage des fonds publics et du choix de leur destination. Les errements de la BPI (Banque publique d'investissement) et en particulier le flou qui entoure ses décisions illustrent parfaitement le manque d'efficacité de la puissance publique en matière d'innovation et d'investissement.

Si cette réforme est menée à bien, il sera alors possible de lancer un grand emprunt « innovation » uniquement en faveur des révolutions technologiques qui sont en train de se mettre en place devant nos yeux (NTA, NTE, nanotechnologies…) et que, pour le moment, nous laissons passer.

Comme nous le verrons dans notre point VI, la création de fonds de pension permettra également de soutenir le financement de l'innovation grâce à la mobilisation d'une épargne de long terme.

Parallèlement, il faudra aussi permettre aux entreprises françaises d'investir massivement dans la R&D grâce à une suppression de la fiscalité sur les profits utilisés en ce sens. Plus globalement, il faudra les aider à faire les bons choix stratégiques, de manière à ne pas perdre de parts de marchés, comme elles le font depuis une vingtaine d'années, notamment vis-à-vis de nos voisins allemands.

À cet égard, les écarts de performances en matière de commerce extérieur sont un véritable miroir des différences franco-allemandes.

C'est d'ailleurs devenu une triste habitude : depuis une dizaine d'années, la France accumule les déficits commerciaux, tandis que l'Allemagne multiplie ses excédents. Les chiffres de ces derniers mois n'ont pas failli à cette piètre litanie : déficit mensuel d'environ 5 milliards d'euros pour la France et excédent compris entre 15 et 22 milliards d'euros pour l'autre côté du Rhin.

En données annuelles, le comparatif fait mal : en 2014, l'Allemagne dégage un excédent commercial de l'ordre de 220 milliards d'euros, tandis que la France enregistre un déficit supérieur à 65 milliards d'euros. Depuis les premières statistiques du commerce extérieur, un tel écart de performances (soit 285 milliards d'euros) n'a jamais été enregistré.

Les raisons de ces écarts sont malheureusement structurelles : bonne diversification géographique des exportations allemandes, davantage tournées vers les pays en forte croissance versus exportations françaises trop focalisées sur la zone euro qui est la lanterne rouge de la croissance mondiale depuis dix ans.

Parallèlement, la spécialisation sectorielle des exportations françaises pèche par la faible part des biens d'équipement et machines-outils (seulement 22 % du total, contre plus de 50 % pour les exportations allemandes) et la sous-représentation des produits de haute technologie.

Fort heureusement, les biens agroalimentaires et les produits de luxe permettent de limiter la casse pour le commerce extérieur de la France. Toujours est-il que, depuis 2011, le montant annuel des exportations allemandes avoisine les 1 100 milliards d'euros, contre environ 435 milliards pour les exportations françaises. Un fossé incroyable de 152 %, alors que la différence entre le PIB allemand et celui de la France n'est « que » de 35 %.

Par ailleurs, la différence entre le niveau des importations allemandes et celui des françaises est beaucoup moins élevée : environ 900 milliards d'euros contre 500 milliards, ce qui correspond à quelques points près à l'écart de PIB.

Plus globalement, ces écarts en matière de commerce extérieur reflètent également les différences de structures économiques des deux côtés du Rhin : réduction de la pression fiscale sur les entreprises, allègement des charges qui pèsent sur le coût du travail, flexibilité de l'emploi, réduction des dépenses publiques, sauvegarde d'une industrie de pointe en Allemagne. Bien loin de ces réussites, la France se distingue par des fondamentaux peu enviables : pression fiscale historiquement élevée et par là même nocive au dynamisme de l'investissement, marché du travail ultra-rigide, désindustrialisation à outrance.

Bref, au-delà des chiffres, la comparaison calamiteuse pour la France de ses performances avec celles de l'Allemagne nous rappelle que tout se paie en économie : la modernisation et la remise en question produisent de la croissance, alors que l'immobilisme détruit de la richesse. Dans la mesure où cette différence de comportement risque de perdurer, les écarts de soldes de balance commerciale entre la France et l'Allemagne ne sont pas près de se réduire.

Sauf si notre pays engage l'ensemble de notre thérapie de choc. Elle constituera à la fois un exemple et un moteur pour inciter les entreprises à investir davantage et par là même à créer plus d'emplois.

À côté des réformes engagées par l'État, les entreprises devront donc constamment mettre en place des stratégies offensives sur trois fronts : 1. développer des niches sur des produits et des services sur lesquels elles disposent d'un savoir-faire ; 2. augmenter les efforts en termes de recherche-développement et 3. favoriser un rayonnement à l'international.

Si nous n'y parvenons pas collectivement, nos produits devront être de plus en plus souvent fabriqués à l'étranger afin de pouvoir concurrencer leurs homologues internationaux et l'économie française s'appauvrira encore un peu. Avouons qu'il serait vraiment dommage de laisser partir nos cerveaux, notre technologie, notre R&D et nos richesses parce que les dirigeants du pays ont refusé de voir la réalité en face et d'engager un traitement de choc.

Quant à ceux qui pourraient croire que cette thérapie est irréalisable dans l'Hexagone, nous leur rappellerons simplement la devise des chercheurs empruntée à Mark Twain et qui pourrait d'ailleurs devenir celle de la France de demain : « *Ils ne savaient pas que c'était impossible, alors ils l'ont fait.* »

En conclusion, voici les mesures à prendre rapidement en matière d'innovation :

1. supprimer le principe de précaution ;

2. améliorer les ponts entre la recherche fondamentale et la recherche appliquée ;

3. réduire davantage la fiscalité pour les entreprises réellement innovantes ;

4. lancer un emprunt dédié à l'innovation ;

5. inciter les entreprises à développer en permanence des stratégies anti-crise, notamment en termes de niches, de R&D et de rayonnement à l'international ;

6. autoriser la recherche sur les gaz de schistes et les OGM, puis, si validation scientifique, leur exploitation.

VI

FACILITER LE FINANCEMENT DE L'ÉCONOMIE

Si, comme nous venons de le voir, l'innovation et l'investissement sont les moteurs de la croissance et les clés de la guérison de l'économie française, ils doivent néanmoins être accompagnés par une condition sine qua non : un financement aisé et bon marché. Or, ici aussi, la France pèche par son manque de réactivité et une rigidité maladive.

Nous ne le dirons jamais assez : en temps de crise, plus qu'à l'accoutumée, les entreprises doivent fortement investir. Une entreprise qui n'investit pas aujourd'hui devient moins compétitive demain, perd des parts de marché après-demain et finit par disparaître très rapidement. De plus, les crises sont toujours des phases d'opportunités. Autrement dit, celui qui baisse les bras pendant la tempête est sûr de perdre, alors que celui qui ose regarder vers l'avenir, investir et/ou innover se donne une grande chance d'en sortir par le haut.

C'est d'ailleurs là que réside l'explication de l'apparent paradoxe entre la stagnation économique de la France depuis 2008 et la bonne santé de certaines de ses entreprises. Ces dernières ne font qu'engranger les fruits de leurs investissements et de leurs efforts passés. Elles récupèrent également les commandes et les clients des entreprises qui n'ont pas su faire les bons choix stratégiques et ont finalement disparu.

Pourtant, si, dans leur grande majorité, les entreprises sont sensibilisées à cet enjeu déterminant, elles se heurtent trop souvent à une carence de financement. D'où une question essentielle : les banques jouent-elles le jeu ?

Malheureusement, les banques sont coincées par les règles prudentielles exagérément rigoureuses imposées par les normes internationales dites Bâle II et Bâle III. En effet, elles les empêchent d'octroyer des crédits à des agents « risqués », c'est-à-dire ne disposant pas d'assez de fonds propres. Or, le moteur d'une économie est justement la prise de risque. Il faut donc assouplir ces règles prohibitives, comme l'ont d'ailleurs fait les États-Unis.

L'administration américaine a tout simplement reporté *sine die* l'application des règles bancaires extrêmement contraignantes de Bâle III. La France et l'Europe sont quasiment les seules à les appliquer, limitant de facto les crédits aux entreprises. C'est ce que l'on pourrait appeler le syndrome du « mourir guéri » : les dirigeants français et eurolandais se veulent scrupuleux sur l'application des règles d'octroi de crédits ou encore de limitation de l'inflation. Mais à quoi cela sert-il s'il n'y a pas de croissance ni d'emploi ?

Par ailleurs, on observe que la faiblesse des crédits bancaires est de plus en plus liée à l'insuffisance de la demande de crédits. En d'autres termes, découragés par l'atonie ambiante et le manque de perspectives, de plus en plus d'entreprises et de particuliers n'ont même plus envie de faire la démarche d'une demande de crédits.

Il est grand temps de recoller les morceaux entre les banques et les acteurs privés et de redonner l'envie d'investir. Ce qui passera forcément par un assouplissement des règles bancaires, mais aussi, comme nous l'avons souligné précédemment, par une baisse de la pression fiscale et réglementaire qui pèse sur les entreprises et les ménages. Rappelons-le : les mesures de notre thérapie de choc forment un tout. Prises séparément, elles n'auront que des effets limités. Ce n'est qu'en étant engagées simultanément qu'elles produiront une synergie détonante qui relancera significativement et définitivement l'économie française.

C'est en cela que les banques devront également apporter leur pierre à l'édifice. Certes, depuis 2008-2009, elles ont mauvaise presse, si bien qu'elles n'osent plus prendre de risques ni redévelopper une ingénierie financière efficace. Cette dernière a certes produit des effets pernicieux en 2008-2009, mais elle reste un moyen optimal de financer le risque, donc les entreprises et, *in fine*, la croissance et l'emploi.

C'est d'ailleurs là que réside tout le dilemme de la crise des subprimes et de Lehman Brothers. En effet, pour être efficace, l'ingénierie financière doit rester connectée à la réalité économique et ne jamais perdre de vue la règle de base de la finance et de l'économie, à savoir : plus le rendement augmente, plus le risque augmente. Lors de la dernière crise, on a effectivement voulu laisser croire qu'on pouvait augmenter le rendement sans accroître le risque.

Pour ce faire, on a tout simplement donné les clés des marchés financiers à des ingénieurs et des mathématiciens chevronnés, qui ont notamment transformé les dettes subprimes extrêmement dangereuses en des titres a priori sans risques, puisque, grâce à une mathématisation extrême, ils étaient notés triple A par les agences de notation.

Or, ce « coup de baguette magique » était évidemment fallacieux et la découverte de l'envers du décor a été catastrophique pour l'ensemble de la planète. Malheureusement, à cause de cette erreur, les régulateurs internationaux en ont commis une autre : celle de tout faire pour réduire le risque. Or, la dernière crise n'était pas une crise du risque mais une crise de gestion du risque. Le risque n'est pas néfaste, il est au contraire un moteur de croissance, pour peu qu'il soit maîtrisé. Si l'ingénierie financière parvient à gérer ce risque en toute transparence, elle constitue une opportunité et un soutien à l'activité économique. Sinon, elle devient un danger.

Engager un assainissement du système bancaire et financier est donc bien indispensable, mais il ne doit pas se faire au détriment du financement des entreprises et des ménages. Il ne servirait à rien de mettre un gendarme derrière chaque trader ou encore de nationaliser les banques. Il serait plus opportun d'améliorer la supervision et la transparence sur les marchés financiers de produits dérivés, entre autres de crédit. C'est notamment de cette façon que les banques pourront financer l'investissement risqué. Parallèlement, il faudra s'engager à mieux encadrer les systèmes de rémunération, tout en renforçant la supervision et la régulation des fonds spéculatifs.

Un excès de réglementation ne serait cependant pas le bienvenu. N'oublions pas que c'est justement pour contourner une réglementation trop tatillonne que de nombreuses institutions financières ont franchi le Rubicon afin de développer des stratégies d'investissement complexes et de hors bilan (qui échappaient à la surveillance des autorités financières). Elles ont ainsi pris des risques démesurés qui les ont amenées dans la situation cataclysmique post-2008. En outre, il ne servirait à rien d'aller trop loin pour brimer les banques et autres acteurs financiers car la crise les a déjà obligés à changer leur fusil d'épaule et à se repositionner sur des produits et des stratégies plus simples, avec certes moins de profit mais plus de transparence et de sécurité. Finis donc les produits complexes et le « property trading » (c'est-à-dire la spéculation avec les fonds propres) ! Place aux bons du Trésor et aux investissements garantis par des actifs…

Cette recherche absolue du moindre risque produit des effets pervers. À commencer par l'actuelle faiblesse des taux d'intérêt des obligations à dix ans de l'État français, qui s'apparente clairement à une bulle obligataire. En effet, compte tenu des déficits publics actuels et à venir, il n'y a aucune raison objective que les taux longs français soient si bas. Cette faiblesse correspond simplement à un excès d'épargne collectée par les banques et mal réinvesti. Ainsi, astreintes à des ratios prudentiels de plus en plus prohibitifs, ces dernières n'utilisent pas leurs dépôts pour augmenter les crédits au secteur privé, mais pour investir massivement sur de la dette a priori non risquée, en l'occurrence sur des obligations d'État. Nous sommes face à ce que l'on appelle un « effet d'éviction », c'est-à-dire que les financements de la consommation et des investissements privés sont évincés par celui de la dépense publique. Si cette dernière générait une croissance forte, cela pourrait encore être acceptable, mais cela est malheureusement loin d'être le cas, en dépit des efforts marketing du Président et du gouvernement français pour essayer de faire croire le contraire.

En réalité, la ruée vers les obligations d'État s'apparente à une symétrie de la bulle des subprimes, le rendement en moins. En effet, si le risque sur les titres subprimes était masqué, ces derniers avaient au moins l'avantage de servir un taux d'intérêt élevé. Avec les obligations d'État, on perd sur les deux tableaux : non seulement le risque est masqué, mais, qui plus est, le rendement est faible.

Il faut donc enfin permettre aux banques de refaire leur vrai métier, en l'occurrence prendre des risques mesurés et financer l'économie privée, en particulier en faveur des PME et TPE (Très petites entreprises), qui sont parmi les plus fragiles dans le monde développé.

D'ailleurs, environ 94 % des 3,1 millions de PME présentes dans l'Hexagone comptent moins de 10 salariés, un record dans le monde développé ! Ce pourcentage est par exemple de 83 % en Allemagne et de 87 %, au Royaume-Uni (selon Eurostat). Autrement dit, créer une entreprise en France est relativement facile, la pérenniser et surtout la faire croître fortement tient presque du miracle. En effet, une fois les éventuelles aides à la création d'entreprise terminées, tout le poids des rigidités fiscales et réglementaires hexagonales écrase les PME. Ajoutés à la difficulté d'obtenir des financements stables et peu onéreux, ces freins se traduisent, au mieux, par la survie de l'entreprise selon un schéma de croissance molle et de faible profitabilité, au pire par sa disparition.

En outre, face à la frilosité des banques et aux difficultés à se financer sur les marchés, les entreprises innovantes peinent à trouver des fonds. Or, la force des PME réside principalement dans leur capacité à innover. Elles souffrent donc aussi de l'absence d'investisseurs disposant de capitaux considérables et d'un horizon de placement très long leur permettant de prendre des risques.

Or, le développement des PME est une condition nécessaire à la relance de la France sur le chemin de la croissance forte et de l'emploi dynamique. Bien entendu, il sera difficile de dépasser nos voisins allemands, qui possèdent un tissu conséquent d'entreprises moyennes performantes, souvent familiales et indépendantes. C'est ce que l'on appelle le « Mittlestand ». La force des PME allemandes réside notamment dans leur capacité à demeurer les plus innovantes et les plus performantes dans des secteurs-clés. Elles disposent ainsi d'un avantage comparatif peu dépendant du coût de production mais essentiellement lié à la qualité. Et ce en particulier grâce à des financements rapides, nombreux et directs. De plus, elles réussissent à nouer des liens très étroits avec des clients étrangers, y compris en Chine, qui ont bien souvent le réflexe d'acheter allemand. Il faut dire que le premier poste budgétaire des ambassades allemandes à l'étranger est dédié aux relations commerciales alors que cette place est occupée par les relations culturelles dans les ambassades françaises. De quoi rappeler que le financement des entreprises peut aussi passer par la voie diplomatique.

Toujours est-il que plus les banques limiteront les crédits aux PME, plus ces dernières seront incitées à trouver des financements ailleurs, et notamment auprès d'investisseurs étrangers, qui sont loin d'être des philanthropes.

À ce sujet, l'entrée de capitaux chinois dans PSA apparaît tout à fait symptomatique.

En 1966, Jacques Dutronc s'émouvait déjà en claironnant « *sept cents millions de Chinois, et moi, et moi, et moi* ». À l'époque et au cours des vingt années qui suivirent, l'Empire du Milieu impressionnait surtout par son nombre d'habitants, éventuellement par sa puissance militaire. En revanche, il apparaissait comme un géant aux pieds d'argile, dans la mesure où sa puissance économique restait particulièrement faible. Et pour cause : jusqu'au début des années 1980, le PIB chinois ne représentait qu'environ 2 % de la richesse mondiale. Il n'y avait donc pas lieu de s'inquiéter outre-mesure.

Dans les années 1980 et 1990, la Chine a décidé de s'ouvrir au reste du monde, devenant progressivement l'usine de la planète. Mais, là encore, les craintes demeuraient limitées. La Chine restait effectivement un pays globalement pauvre, qui se contentait de fabriquer des produits bon marché et de piètre qualité. Seulement voilà, à force de forger, on devient forgeron. Ainsi, pendant que les États-Unis pansaient leurs plaies ouvertes par les attentats du 11 septembre 2001 et s'employaient à guerroyer un peu partout, pendant que la zone euro s'obstinait à lutter contre une inflation fantôme et à accroître sa dette publique, sacrifiant durablement son dynamisme économique sur l'autel du dogmatisme, la Chine marquait des points.

Mieux, elle montait en gamme à tous les niveaux : qualité des produits, développement de la richesse, niveau de vie, innovations et puissance financière. De 2000 à aujourd'hui, le nombre de Chinois vivant correctement, c'est-à-dire bénéficiant d'un niveau de vie comparable à ceux des Européens, est passé de 100 à 450 millions. Bien entendu, les pessimistes diront que 900 millions de Chinois attendent encore de monter dans ce train. Pour autant, il est aussi possible de voir en eux un potentiel de croissance considérable pour une Chine, qui veut toujours plus. D'ores et déjà, le PIB chinois représente plus de 16 % du PIB mondial (en

vingt ans, la croissance chinoise a donc encore de longs et beaux jours devant elle.

Mais ce n'est pas tout. Car, à côté de sa puissance économique et financière, la Chine acquiert désormais une puissance géopolitique considérable. Après avoir investi massivement dans le monde émergent (depuis l'Asie jusqu'à l'Amérique latine, en passant par l'Afrique), l'Empire du Milieu s'impose de plus en plus comme un acteur incontournable en Europe. Non contente d'avoir acquis la moitié du port du Pirée à Athènes, les Chinois multiplient leurs investissements dans les entreprises européennes, la dernière en date étant PSA. Au-delà du symbole (un fleuron historique français qui passe en partie entre des mains chinoises), cette évolution est symptomatique de ce qui attend l'Europe dans les années à venir.

En effet, les états européens sont surendettés, les entreprises européennes ont des difficultés financières et leur valeur a excessivement chuté avec la crise. Ils ont donc collectivement besoin de « cash ». Or, qui dispose d'importantes liquidités en ce moment ? Les pays émergents. À commencer par la Chine et les pays du Golfe persique. Bien entendu, à court terme, tout le monde est content : les États et les entreprises du Vieux Continent bénéficient d'un bol d'air financier et les pays émergents investissent à bon compte. Cependant, à moyen terme, les premiers risquent de perdre leur indépendance économique et financière. Dans le cas de PSA, on peut ainsi aisément comprendre que le constructeur automobile Dongfeng va désormais pouvoir profiter de la technologie et du réseau de distribution de PSA en Europe et à travers le monde.

De plus, il y a fort à parier que les investisseurs chinois, qatari et autres, seront globalement bien moins conciliants que n'ont pu l'être les investisseurs américains souvent décriés depuis des années. En d'autres termes, si les Chinois estiment que l'avenir de PSA n'est industriellement plus en France, ils ne prendront certainement pas de pincettes pour fermer des usines et détruire des emplois. Et le « petit poids » de l'État dans le capital de PSA n'y changera pas grand-chose.

Au final, nous sommes en train de vivre le « revers de la médaille » de la mondialisation. Pendant des décennies, voire des siècles, elle a été bénéfique aux pays développés. Aujourd'hui, si ces derniers ne s'adaptent pas et ne deviennent pas plus forts d'un point de vue économique et financier, ils en pâtiront, devenant des proies sans autre choix que de vendre leurs actifs pour récupérer un peu de cash.

C'est le vrai risque. Aujourd'hui, les fonds d'investissements, notamment des pays émergents, font leurs emplettes. Ils ont de quoi. Le Fonds souverain du Qatar dispose par exemple de 600 milliards de dollars d'investissements et le

Fonds souverain d'Abu Dhabi, de 800 milliards. Rien que ces deux pays, « petits » sur la carte, disposent d'une force de frappe équivalente au PIB de l'Italie. Le véritable problème est de savoir ce que vont devenir les entreprises françaises et européennes entre les mains des fonds d'investissements qataris, russes ou chinois…

Il est donc grand temps que les Français appréhendent cette crise qui n'en finit plus comme une opportunité. Ils deviendront ainsi un peu chinois, puisqu'en mandarin le mot « crise » signifie également « opportunité » !

Voilà pourquoi, à côté de banques libérées et moins frileuses, de marchés financiers plus accessibles aux PME, la France a également besoin de fonds de pension pour assurer un financement conséquent et indépendant de son économie.

Certes, souvent caricaturés et vilipendés dans l'Hexagone, les fonds de pension font l'objet d'un véritable fantasme collectif selon lequel ils seraient à l'origine de nos difficultés économiques. Cette erreur de jugement s'explique notamment par la faiblesse de la culture économique des Français (d'ailleurs savamment entretenue par certains politiciens et économistes) qui est telle qu'ils confondent souvent fonds de pension et fonds spéculatifs dits « hedge funds ».

Bien entendu, pour dynamiser leur rendement, il arrive que les premiers investissent marginalement dans les seconds. Néanmoins, l'essentiel de l'activité des fonds de pension est non seulement fiable mais surtout économiquement salutaire. Si bien que leur absence en France constitue un véritable manque tant pour la croissance que pour l'emploi ou encore la stabilité sociale. Il est ainsi possible d'avancer trois bonnes raisons de créer au plus vite des fonds de pension dans l'Hexagone.

Premièrement, ils permettront de compléter la retraite par répartition. Car comme nous l'avons évoqué dans notre chapitre sur la dépense publique, au contraire de ce qu'ont annoncé successivement MM. Chirac, Sarkozy et Ayrault, lors de leurs « réformes des retraites », le financement de la retraite par répartition n'est aucunement assuré pour la période 2015-2035, pour la simple raison que le bouclage des différentes réformettes repose sur des hypothèses de croissance et de taux de chômage fantaisistes. Autrement dit, le problème du financement des retraites est loin d'être résolu.

L'instauration de fonds de pension permettra alors de compléter le système par répartition qui se rapproche de jour en jour de l'explosion. Pire, s'ils ne sont pas créés dans les prochaines années, seules les personnes aisées pourront s'offrir une retraite décente, tandis que les autres verront leur précarité s'accroître. Aussi étonnant que cela puisse paraître, les fonds de pension permettront de limiter l'accroissement des inégalités en France.

Deuxièmement, en plus d'être vertueux pour nos retraites, les fonds de pension constitueront un moyen supplémentaire de financer l'investissement productif. Dans ce domaine, notre retard est devenu criant. Au cours des vingt dernières années, l'investissement des entreprises a ainsi augmenté de 40 % dans l'Hexagone, contre 140 % aux États-Unis (évidemment en termes réels, c'est-à-dire hors inflation). Une des explications de cet écart colossal réside dans le fait qu'en France le financement de l'investissement passe presque exclusivement par les banques et, un peu, par les marchés. Or, les premières restent extrêmement frileuses et les seconds très difficiles d'accès. Dès lors, le nerf de la guerre économique, en l'occurrence l'investissement innovant, dépasse rarement le stade du projet…

À l'inverse, lorsque les fonds de pension existent, leur puissance financière considérable et leur horizon de placement très long (une trentaine d'années) en font de véritables moteurs de l'investissement innovant et par là même de la croissance. Sans leur présence outre-Atlantique, il est à peu près sûr que les IBM, Microsoft et autres Google n'auraient soit pas vu le jour soit pas connu une telle croissance.

Troisièmement, la création de fonds de pension en France apparaît également indispensable pour accroître son indépendance financière. Ainsi, actuellement et ce depuis une quinzaine d'années, 70 % des échanges quotidiens effectués sur le Cac 40 sont étrangers et notamment anglosaxons. Parallèlement, environ 50 % du capital des entreprises du Cac 40 appartiennent à des investisseurs étrangers. Si ces résultats indiquent que les groupes phares de la bourse de Paris ont suffisamment d'atouts pour attirer les capitaux étrangers, ils montrent aussi notre dépendance à leur égard, qui est telle que le Cac 40 sert souvent de variable d'ajustement aux investisseurs internationaux, ces derniers favorisant leur habitat préféré, c'est-à-dire les entreprises de leur pays d'origine.

Pour toutes ces raisons essentielles, la France doit absolument se doter de fonds de pension dans les années à venir. Afin d'éviter toute contrariété, il serait également bon de les obliger à investir au moins 70 % des sommes récoltées dans des entreprises installées en France ou dans l'Union européenne, notamment dans le capital risque. De la sorte, l'épargne collectée sera mieux connectée à l'investissement dans l'Hexagone et en Europe.

En la matière il peut d'ailleurs être amusant de se souvenir qu'en 1999, conscient de ces enjeux et malgré le dogmatisme de sa famille politique sur le sujet, Dominique Strauss-Khan, alors ministre de l'Économie, avait tenté de créer des fonds de pension. En vain. Quinze ans après, espérons que nous aurons enfin le courage d'engager la France sur le bon chemin.

Enfin, si la relance du financement bancaire et la création de fonds de pension ne suffisent pas à financer l'ensemble des projets (ce qui serait d'ailleurs bon signe puisque cela montrerait que la dynamique entrepreneuriale est repartie dans l'Hexagone), il sera encore possible de faire appel à toutes les autres sources de financement. À commencer par les *capital angels*, qui ont toujours une épargne colossale, mais qui se font très discrets depuis la bulle Internet et surtout depuis la flambée de la fiscalité sur l'épargne.

À ce sujet, dans le prolongement de la baisse globale de la pression fiscale présentée dans notre premier point, il reste indispensable de limiter la taxation du capital (qui, actuellement avec la CSG et la CRDS, peut atteindre un taux moyen de 60 %). De même, il serait optimal de supprimer l'imposition des bénéfices réinvestis.

Parallèlement, le financement participatif, dit *crowdfunding*, mais aussi le capitalisme familial (qui a d'ailleurs si bien résisté pendant la crise) devront être développés et avantagés fiscalement.

Last but not least, il est urgent de redorer le blason de l'actionnariat salarié, notamment au travers de l'épargne salariale. En plus d'augmenter les revenus des salariés et d'améliorer les liens entre ces derniers et leur direction, l'épargne salariale a pour but de renforcer le capital d'une entreprise, et par là même de lui donner plus de moyens pour investir.

Il faudra donc défiscaliser complètement et « sanctuariser » l'épargne salariale, tant au sein des grandes entreprises que des PME et TPE. Et ce notamment en arrêtant de changer les lois qui la régissent et d'y puiser régulièrement pour soutenir la consommation, comme n'ont cessé de le faire les dirigeants français depuis quinze ans.

Plus globalement, à côté de l'intéressement et de la participation qui alimentent l'épargne salariale, il sera bon de favoriser l'actionnariat salarié, en défiscalisant les investissements des employés dans l'entreprise qui les embauche. Les liens entre eux s'en trouveront renforcer et l'indépendance du capital avec.

En bref, voici les mesures à prendre au plus vite en matière de financement de l'économie :

1. assouplir les règles prudentielles qui pèsent sur les banques ;

2. améliorer la supervision et la transparence sur les marchés financiers ;

3. favoriser le développement d'une ingénierie financière de bon sens ;

4. créer des fonds de pension spécialisés dans le financement franco-européen ;

5. accroître l'épargne salariale ;

6. développer l'actionnariat des salariés ;

7. faciliter le *crowdfunding* et le financement via des *capital angels* ;

8. limiter la taxation du capital ;

9. supprimer l'imposition des bénéfices réinvestis.

VII

ACTIONNER LA « PLANCHE À BILLETS » À L'ÉCHELLE EUROPÉENNE

Si jusqu'à présent les mesures de notre thérapie de choc étaient exclusivement du ressort de la France, elles devront être accompagnées de trois autres « révolutions » menées à l'échelle de la zone euro. La première d'entre elles concerne la Banque centrale européenne (BCE), qui, à l'instar de ses principales homologues du monde développé (Réserve fédérale américaine, Banque d'Angleterre, Banque du Japon, etc.), devra mettre en place la « planche à billets ».

Cela ressemble presque à une formule magique : la « planche à billets » paraît même constituer une sorte de panacée économique. Il est vrai qu'elle a permis à l'économie américaine de sortir de la crise et d'éviter le retour de la déflation. Il serait grand temps que la zone euro fasse de même. Mais de quoi s'agit-il exactement ? Pour bien comprendre, il faut tout d'abord visualiser le bilan d'une banque centrale. La monnaie se situe à son passif. En effet, lorsque l'on détient un billet, on possède une créance sur la banque centrale. Ainsi, en temps normal, pour pouvoir créer de la monnaie, la banque centrale d'un pays doit disposer de compensations à l'actif de son bilan, en l'occurrence d'or, de réserves de changes et de titres (notamment des obligations d'État). C'est ce que l'on appelle les contreparties de la masse monétaire. De la sorte, il existe une correspondance entre la monnaie en circulation et la réalité économique du pays. Cela permet notamment d'éviter les dérapages inflationnistes.

Bien différemment, lorsqu'une banque centrale actionne la « planche à billets », cela signifie qu'elle crée de la monnaie ex-nihilo, donc sans contreparties préalables. En termes imagés, elle imprime des billets « sur la base de rien ». Mieux, avec cette « monnaie de singe », la banque centrale monétise la dette publique, c'est-à-dire qu'elle finance directement le déficit public. Cette stratégie présente un triple avantage. Premièrement, l'État « éponge » ainsi son déficit gratuitement, donc sans faire appel aux investisseurs privés et/ou extérieurs. Deuxièmement, comme l'État n'émet pas d'obligations supplémentaires sur les marchés obligataires, les taux d'intérêt restent bas, ce qui permet de faciliter le financement de l'investissement privé et de la consommation des ménages. Troisièmement, du fait de cet excès artificiel de liquidités, la devise du pays concerné se déprécie, soutenant par là même ses exportations et sa croissance.

Le seul danger de cette stratégie est que cet excès de création monétaire peut susciter une inflation galopante. En effet, si la monnaie en circulation ne correspond pas à une création de richesse équivalente, la différence se traduit par davantage d'inflation. Si les quantités ne s'ajustent pas, ce sont les prix qui le font.

Cependant, il arrive parfois que cette « planche à billets » ne se traduise pas par un dérapage des prix, comme c'est notamment le cas depuis sept ans outre-Atlantique. En dépit de trois phases conséquentes de « planche à billets » (pour un montant d'environ 3 600 milliards de dollars), l'inflation américaine reste largement sous contrôle (aux alentours des 2 %). L'explication de cet apparent dilemme est double. D'une part, cela signifie que les forces en présence aux États-Unis depuis sept ans ne sont pas inflationnistes mais déflationnistes, comme cela est d'ailleurs le cas en Europe et en France. Autrement dit, si la Fed n'avait pas adopté une stratégie monétaire aussi accommodante, une phase de déflation se serait imposée. D'autre part, si la Fed a pu autant user de la « planche à billets » sans dérapage inflationniste, c'est parce que les dollars ainsi créés ont inondé le monde. En d'autres termes, tant que le dollar demeure la monnaie de référence internationale (il représente 70 % des réserves de changes mondiales et 50 % des transactions internationales), il existe une demande presque incompressible de billets verts, qui fait que la « planche à billets » américaine et la dette publique de l'oncle Sam se retrouvent finalement financées par le reste du monde.

Cela signifie qu'une « planche à billets » aussi massive utilisée par un autre pays n'aurait pas les mêmes conséquences qu'aux États-Unis. Certes, dans la zone euro, la BCE pourrait l'utiliser sans trop de dégâts. Encore faudrait-il le lui permettre et modifier ses statuts. En revanche, si un pays sortait de la zone euro et pensait utiliser la « planche à billets » sans difficulté, il subirait, au contraire, une vague inflationniste massive, perdrait en crédibilité, verrait sa croissance réduite et ses déficits publics flamber.

Pour financer la dette, la « planche à billet » peut donc constituer un moyen temporaire et localisé, mais elle n'est certainement pas la panacée, c'est d'ailleurs pourquoi elle ne vient qu'en appui de toutes les autres mesures présentées dans notre thérapie de choc.

La bonne nouvelle, c'est qu'avec Mario Draghi à la tête de la BCE, cette « planche à billets », qui paraissait inimaginable il y a encore quelques années, semble désormais possible.

Mario Draghi est vraiment formidable. En effet, après avoir déjà sauvé la zone euro à deux reprises (en décembre 2011 et en septembre 2012), puis avoir restauré (certes modérément) la croissance eurolandaise en 2013, celui que l'on appelle à juste titre « Super Mario » a engagé la BCE dans un nouveau mouvement historique. Ainsi, le 5 juin 2014, réalisant une première dans le monde occidental contemporain, la BCE a consacré un taux de dépôt négatif, de précisément - 0,10 %. Mieux, le 4 septembre 2014, le taux refi de la BCE (c'est-à-dire le taux auquel les banques se refinancent auprès de la BCE) a été abaissé à 0,05 %, un niveau que même la Réserve fédérale américaine n'avait pas osé. Ces gestes historiques ont d'ailleurs suffi pour mettre les marchés financiers en émoi.

Cependant, il faut malheureusement admettre que ces actes de politique monétaire sont loin d'être suffisants pour éliminer définitivement les risques de déflation.

La pratique de taux nuls, et parfois temporairement négatifs, au Japon depuis le début des années 2000 n'a d'ailleurs absolument pas permis de sortir l'Archipel de la déflation. Bien au contraire, l'économie nipponne est tombée dans ce que l'on appelle « une trappe à liquidités », qui est telle que, par manque de confiance, la gratuité des liquidités ne vient qu'alimenter l'épargne de précaution, voire le financement de la dette publique, mais ne parvient aucunement à soutenir l'investissement privé et encore moins à relancer la croissance. D'ailleurs, si le Japon est dernièrement sorti de la déflation, ce n'est pas grâce à des taux directeurs nuls, mais à la pratique d'une « planche à billets » conséquente et à un mouvement de dépréciation du yen.

De même, si les États-Unis ont réussi à sortir de la crise de 2008-2009 dès la fin 2009 et à éviter de sombrer dans la déflation, c'est d'abord parce que la Fed a abaissé son taux objectif des *federal funds* à quasiment 0 % dès la fin 2008 et surtout parce qu'elle a pratiqué trois phases de « planche à billets », venant financer en direct l'État américain, mais aussi certaines dettes privées. Bénéficiant de surcroît d'un dollar faible, la croissance américaine a pu redémarrer, tant grâce à l'investissement qu'à la consommation ou encore aux exportations.

C'est en cela que les impacts des dernières mesures de la BCE sont mécaniquement limités. Et ce pour au moins quatre raisons. Premièrement, parce que l'assouplissement monétaire intervient trop tard. En effet, n'oublions pas que toute inflexion de politique monétaire prend de six à neuf mois avant d'agir sur l'activité, en particulier dans la zone euro, dont l'économie est fortement rigide.

Deuxièmement, au-delà du symbole, ce n'est pas une baisse des taux directeurs de 20 points de base, avec un jalon bas négatif, qui va changer la face de l'économie eurolandaise. D'ailleurs, les enquêtes menées auprès des banques commerciales sont formelles : l'atonie des crédits dans la zone euro n'est pas due au niveau des taux d'intérêt, mais à la faiblesse de la demande de crédits de la part des agents privés. En d'autres termes, croire que la baisse du taux refi à 0,05 % va relancer durablement les crédits et la croissance relève de la gageure.

Troisièmement, si Draghi a amené la BCE au maximum de ses possibilités au regard de ses statuts, la « planche à billets » est toujours très loin.

Cela signifie donc que la « trappe à liquidités » va perdurer dans l'UEM, que les financements de la sphère publique vont continuer d'évincer les financements du secteur privé et que l'investissement et la consommation vont rester relativement moribonds.

Quatrièmement, conséquence logique de ces insuffisances et en dépit des efforts sémantiques récurrents du président de la BCE pour tenter de faire baisser l'euro, ce dernier a certes été déprécié, mais demeure encore trop cher.

C'est pour toutes ces raisons que si la politique et le courage de Mario Draghi doivent être salués, ils seront malheureusement insuffisants pour permettre le retour d'une croissance forte et durable dans la zone euro, cette dernière demeurant donc toujours menacée par une déflation dévastatrice. Qui a d'ailleurs déjà commencé dans l'industrie, puisque le glissement annuel des prix à la production y est négatif depuis août 2013. Elle est également en train de se généraliser aux prix à la consommation dans de nombreux pays de la zone euro.

Or, ne l'oublions jamais : la déflation est le pire des maux en économie. En particulier en situation de dette élevée et a fortiori de surendettement. En effet, elle génère trois principaux effets pernicieux. Le premier est d'aggraver le coût réel de la dette, qui se mesure par le taux d'intérêt que l'on paie sur sa dette auquel on soustrait l'inflation. Plus l'inflation est élevée, plus le taux réel est faible et plus le coût de la dette se réduit. À la rigueur, lorsque le taux d'inflation est supérieur au taux d'intérêt, le taux réel est négatif et le coût de la dette est supporté par l'inflation. S'endetter revient donc à s'enrichir. À l'inverse, lorsque le taux d'inflation est négatif (nous sommes donc en déflation), le taux réel augmente, rendant de plus en plus difficile le remboursement de la dette.

C'est alors qu'intervient le deuxième effet pernicieux de la déflation. En effet, cette dernière est généralement engendrée par une situation d'excès d'offre par rapport à la demande. Or, si tel est le cas, l'offre, c'est-à-dire la production, s'ajuste à la baisse. Cela se traduit immanquablement par des destructions d'emplois, donc un affaissement des revenus, ce qui réduit encore la faculté des ménages à rembourser leurs emprunts.

D'où le troisième vice de la déflation, car si le coût de la dette augmente et que les revenus baissent, les acteurs économiques sont contraints de vendre leurs biens pour essayer de rembourser leurs emprunts, ce qui se traduit par une augmentation de l'offre, donc une aggravation de la déflation…

C'est exactement cette situation qui a prévalu lors du krach de 1929 et de 1991 à 2012 au Japon. Pis, plus la crise de la dette s'installe en Europe, plus les pays européens y répondent par une rigueur bête et méchante, plus les risques de déflation augmentent et plus la *debt deflation* se rapproche dangereusement. Et, comme nous l'ont montré les catastrophes des années 1930 ou le marasme japonais des deux dernières décennies, lorsque la *debt deflation* commence, elle peut durer plus de vingt ans…

Voilà pourquoi, il reste indispensable de mettre en place une véritable « planche à billets ». Elle devra s'appliquer aux dettes publiques (de manière à permettre aux banques de mieux financer les entreprises privées plutôt que d'acheter massivement des bons du trésor), mais aussi à d'autres types de titres, notamment des obligations d'entreprises (dites *corporates*) et des titres dans le secteur de l'immobilier.

Ce dernier commence effectivement à souffrir dans l'Hexagone. Après une baisse sensible en 2008-2009, puis une remontée jusqu'en 2012, les prix des logements anciens rechutent.

Tout a commencé par la diminution des transactions. En effet, les prix continuaient d'augmenter mais avec un nombre de transactions de plus en plus faible. En outre et surtout, la hausse des prix immobiliers tranchait de plus en plus avec la faiblesse de la croissance, l'atonie du pouvoir d'achat des ménages et l'augmentation du chômage. Ainsi, l'indice rapportant les prix des logements anciens au revenu disponible des ménages ne cessait d'atteindre des niveaux stratosphériques.

Alors que son niveau moyen se situe autour de 1 depuis 1965, ce rapport est monté jusqu'à 1,95 à l'échelle nationale et 2,7 à Paris à la mi-2012. Lors du sommet de la bulle de 1991, ce ratio était de 1,1 en France et de 1,5 à Paris. C'est dire l'ampleur du phénomène.

Même s'il a légèrement baissé depuis, grâce à la baisse des prix des logements, cet écart reste particulièrement dangereux et échappe complètement à la rationalité économique. Face à un tel excès, il faut d'ailleurs remplacer la science économique par la science naturelle qui nous dit tout simplement que les arbres ne montent pas au ciel. Et même si l'arbre de l'immobilier français ressemble clairement à un séquoia, il faudra bien, tôt ou tard, redescendre sur terre.

Les exemples américains et japonais nous ont montré que la chute peut s'avérer très rude.

Face à ce constat, de plus en plus de professionnels de l'immobilier commencent également à s'inquiéter, voire à dénoncer une bulle qui est en train de se dégonfler. Si cette perspective fait peur à certains, il est utile de rappeler que la baisse des prix est salutaire ne serait-ce que pour « resolvabiliser » une demande de plus en plus faible. Les agents immobiliers ont d'ailleurs tout intérêt à ce que les prix reculent modérément de manière à augmenter le nombre de transactions plutôt que de voir les prix continuer de flamber avec de moins en moins d'opérations.

En attendant, il n'y a quasiment plus de primo-accédants et de plus en plus de ménages surendettés ne peuvent plus tenir leurs engagements. Le rachat de dettes immobilières par la BCE pourrait donc éviter un effondrement des cours, qui ne manquerait pas d'aggraver la faiblesse économique nationale et d'alimenter la déflation.

Gardons bien ça à l'esprit : les crises immobilières sont les plus dévastatrices en termes de croissance et d'emploi. Et ce pour trois raisons principales. Primo, elles génèrent un effet de richesse négatif, correspondant à un appauvrissement des détenteurs de logement(s). Secundo, elles entraînent un effondrement de l'activité dans le bâtiment, suscitant une large onde de choc et des conséquences collatérales néfastes dans l'ensemble de l'économie. Tertio, même s'ils ne vendent pas leur(s) bien(s) immobilier(s) et ne réalisent donc pas leurs moins-values, les propriétaires subissent un fort effet psychologique négatif, qui engendre notamment un sentiment d'appauvrissement, limitant par là même leur appétence pour la consommation et l'investissement.

Enfin, au-delà d'éviter le plongeon dans la déflation et un krach immobilier dramatique, la « planche à billets » aura également l'avantage de relancer un peu l'inflation. Bien entendu, il ne s'agit pas de créer un mouvement de forte inflation, comme dans les années 1970-1980. À ce sujet, il faut d'ailleurs rappeler qu'il n'est plus possible désormais de « faire de l'inflation » à sa guise. Cette stratégie était uniquement possible dans des économies peu ouvertes, avec une faible concurrence et une forte indexation des salaires aux prix. Depuis une vingtaine d'années, grâce à l'ouverture des frontières, à l'augmentation du degré concurrentiel et à la forte réduction des prix administrés, l'inflation ne se décrète plus.

En revanche, elle peut être favorisée, notamment par la « planche à billets » (comme nous venons de le voir), mais aussi par un taux de change déprécié (cf. mesure VIII) ou encore par une politique budgétaire offensive mais surtout efficace (comme nous l'avons vu dans nos points II et V). C'est notamment ce qu'ont pratiqué les États-Unis, la Chine, le Royaume-Uni et de nombreux pays à travers la planète qui ont préféré mettre de côté leurs craintes inflationnistes dogmatiques au profit de la croissance et de l'emploi.

Et c'est bien cela qu'il faut faire comprendre à nos élites tout aussi bien pensantes que bornées : une inflation de 3 % n'a jamais tué personne. Au contraire, elle permet aux entreprises de mieux répercuter l'augmentation des coûts sur les prix de vente, donc de maintenir un niveau appréciable de leur marge et des salaires qu'elles distribuent. De plus, un peu d'inflation incite les ménages à ne pas différer leurs achats mais, au contraire, à dépenser au plus vite. Une dynamique de la demande s'installe alors, créant plus d'emplois, donc plus de revenus et plus de consommation. Il faut être clair : nous ne sortirons pas de la crise actuelle sans le retour d'une inflation autour des 3 %. Elle permettra d'ailleurs de payer une partie des intérêts de la dette publique et, par la même occasion, de sortir la zone euro de sa crise existentielle. Nous connaissons donc la marche à suivre. Les Américains, les Japonais, les Chinois, les Anglais... nous ont montré le chemin. Reste à savoir si les Eurolandais auront l'intelligence de l'emprunter à leur tour. Il en va de leur existence car, sans le retour de la croissance et de l'inflation, la zone euro finira par disparaître dans les trois années à venir...

Certes, pour parvenir à actionner la « planche à billets », il faudra convaincre les Allemands qui restent farouchement opposés à ce type de politique monétaire. Et ce pour deux raisons. Premièrement, c'est à cause d'une telle pratique que l'Allemagne a plongé dans l'hyperinflation dans les années 1920. Deuxièmement, les Allemands refusent de faire un tel cadeau à leurs partenaires européens, tant qu'ils n'auront pas réalisé les mêmes efforts qu'eux. Ce qui vaut en particulier pour la France, l'un des derniers pays de la zone euro à refuser de faire les réformes structurelles que nous avons présentées précédemment.

C'est en cela que la mise en place d'une thérapie de choc dans l'Hexagone apparaît déterminante. Non seulement pour sauver la France, mais également l'ensemble de la zone euro. Car, si la France engage sérieusement sa modernisation, les Allemands cesseront de dire « Nein ! » et accepteront de mettre de l'eau dans leur vin ou plutôt dans leur bière. Notamment en matière de « planche à billets ». Il faut le souhaiter car, comme les exemples japonais, américains ou anglais l'ont montré, il s'agit là des conditions sine qua non pour permettre la sortie de la déflation et le retour d'une croissance appréciable d'environ 2 %. C'est tout le problème des dirigeants de la zone euro qui, à l'exception notable de « Super Mario Draghi », sont d'ailleurs bien souvent calqués sur ceux de la France : ils ne savent réagir qu'une fois les difficultés avérées et ne parviennent pas à les anticiper pour mieux les éviter.

Actionner la « planche à billets » à l'échelle européenne

Pour conclure, voici les mesures à prendre au plus vite en matière de « planche à billets » :

1. permettre à la BCE de financer en direct les États sous condition de sérieux de ces derniers ;

2. assurer un financement direct des dettes privées, notamment pour les entreprises et dans l'immobilier ;

3. favoriser une inflation proche de 3 % ;

4. convaincre les Allemands du bien-fondé de la « planche à billets » en modernisant drastiquement l'économie française.

VIII

FAIRE DE L'EURO UNE ARME POUR LA CROISSANCE

« Les efforts que nous faisons sur la réduction de nos déficits, sur nos réformes structurelles, sur la compétitivité des entreprises, sur le coût du travail, ne doivent pas être balayés par un niveau trop élevé de l'euro. » Pourtant passée presque inaperçue, cette phrase prononcée par Manuel Valls le 8 avril 2014 lors de son allocution d'investiture devant l'Assemblée nationale constitue un véritable tournant. Et pour cause : c'est la première fois qu'un Premier ministre français ose dénoncer publiquement le niveau trop élevé de l'euro.

Au-delà du marketing et de la tactique politicienne, cette déclaration pose deux questions essentielles. D'une part, la France est-elle légitime pour demander un euro plus faible ? D'autre part, le niveau actuel de l'euro est-il vraiment un handicap pour l'économie française et celle de l'UEM ? La réponse à la première question est évidemment négative. Encore une fois, pour pouvoir peser sur l'évolution de l'euro, la France doit avant tout réformer son économie, comme l'Allemagne, la Grèce, l'Espagne, le Portugal et l'Italie. Ces pays ont réussi à réduire drastiquement leurs dépenses publiques et à moderniser leur marché du travail, sans demander de délai particulier à Bruxelles ni exiger un euro moins fort.

Bien loin de ce volontarisme, la France est désormais le dernier pays européen, voire occidental, à refuser d'effectuer ces efforts indispensables, non pour les beaux yeux de Bruxelles, mais pour son propre avenir économique et social. Si les mesures annoncées par Manuel Valls sur les dépenses publiques et le coût du travail vont dans le bon sens, elles demeurent trop floues, trop éloignées dans le temps et surtout largement insuffisantes. D'autant que la France ne dispose plus de la crédibilité nécessaire pour imposer sa voix.

Pour la retrouver, elle devra justement appliquer notre thérapie de choc, ce qui lui permettra de reprendre un rôle central dans la construction européenne, de peser sur la politique monétaire de l'UEM et le taux de change de l'euro qui restent jusqu'à présent les chasses gardées de l'Allemagne.

Cette évolution sera d'autant plus déterminante que la réponse à notre deuxième question est positive. En d'autres termes, oui, un euro supérieur à 1,25 dollar est un frein au retour d'une croissance forte et durable dans l'Hexagone, mais aussi dans l'ensemble de l'UEM. En effet, le niveau d'équilibre (dit Natrex pour Natural Real Exchange rate, c'est-à-dire taux de change réel naturel) de l'euro/dollar en fonction des fondamentaux économiques (croissance, inflation, épargne, balance courante) avoisine 1,15 dollar pour un euro. Un niveau identique à celui décrit par l'autre taux de change d'équilibre de l'euro/dollar, appelé parité de pouvoir d'achat, et qui ne tient compte que des écarts d'inflation.

Attention néanmoins à ne pas oublier que ces niveaux d'équilibre sont des moyennes et ne tiennent donc pas compte des différences structurelles entre les pays de l'UEM. Ainsi, pour l'Allemagne, le niveau « normal » de l'euro/dollar, c'est-à-dire compte tenu de ses structures économiques, est de 1,35 dollar pour un euro. C'est d'ailleurs la principale raison de la réticence des Allemands à laisser l'euro se déprécier au-dessous de cette barre.

À l'inverse, pour de nombreux autres membres de l'UEM et notamment les plus fragiles, le niveau d'équilibre de l'euro est bien plus bas : 0,70 dollar pour la Grèce, 0,90 dollar pour l'Italie et 1,03 dollar pour la France... De quoi rappeler que pour tous ces pays, la dépréciation de l'euro sous les 1,15 est un « minimum vital ».

Fort heureusement, depuis quelques mois, l'euro a baissé, mais il reste encore loin de ses niveaux d'équilibre.

C'est d'ailleurs là l'un des drames de la crise eurolandaise qui sévit depuis 2008 : chaque fois que l'UEM semble sortir de la morosité et reprendre des couleurs, l'euro repart à la hausse, ce qui ruine les chances de reprise et donc de sortie définitive de la crise. L'appréciation de l'euro/dollar après le retour de la Grèce sur le marché obligataire en est un exemple cuisant. Car, malheureusement, le maintien de « l'euro killer » a eu des conséquences dramatiques pour l'économie et l'emploi en Grèce, ainsi que dans l'ensemble de l'UEM. C'est en partie à cause de lui que les pays eurolandais ont connu une récession historique en 2008-2009. C'est aussi « grâce » à lui que la dépression est revenue en 2011-2013. Or, la vraie difficulté n'est pas de subir une récession, mais de devoir en affronter deux en trois ans. Dans ce cadre, un nouvel accès de faiblesse et a fortiori une troisième récession seraient tout simplement catastrophiques.

Et pour ceux qui auraient tendance à oublier les dangers d'une devise surévaluée, rappelons que les vecteurs de transmission d'un euro trop fort sur l'économie sont au nombre de trois.

Premièrement, il augmente les prix des exportations, qui deviennent donc trop chères et finissent par reculer. Les entreprises exportatrices sont alors contraintes de réduire leur production, avec souvent des destructions d'emplois et de revenus à la clé.

Deuxièmement, un euro trop fort signifie que les prix des produits importés reculent. Si cette évolution peut être perçue comme un avantage, notamment pour les consommateurs nationaux, elle se traduit également par un effet pervers. En effet, si les produits importés sont moins chers, les producteurs nationaux voient la compétitivité-prix de leurs produits diminuer à vue d'œil. Ils perdent donc des parts de marché, réduisent la voilure et licencient. Les revenus sont abaissés et la consommation avec.

Troisièmement, lorsque l'euro est trop cher, investir dans la zone euro depuis l'extérieur devient très onéreux, tandis qu'investir en dehors de l'UEM devient meilleur marché pour un Eurolandais. Dès lors, les flux d'investissements étrangers vers l'UEM se tarissent et les flux d'investissements eurolandais à l'extérieur augmentent, réduisant mécaniquement la croissance et l'emploi dans la zone euro.

Réciproquement, la baisse de l'euro produit les mêmes effets mais dans le bon sens : davantage d'exportations, plus de compétitivité des produits nationaux vis-à-vis des produits importés, donc plus de parts de marché pour les premiers et, enfin, plus d'investissements étrangers dans l'UEM et moins de fuite de capitaux à l'extérieur de cette dernière.

Que l'on soit également rassuré : l'impact de la baisse de l'euro sur les cours des matières premières, qui deviendraient donc plus chères, sera limité. En effet, lorsque l'euro parité de pouvoir d'achat, c'est-à-dire en corrigeant des différentiels de prix), contre 4 % en 1990. En termes de valorisations, cela signifie qu'en base 100 en 1990, le PIB chinois réel, donc hors inflation, vaut aujourd'hui 994. À titre de comparaison, le PIB indien atteint un niveau de 440, celui des États-Unis 180 et celui de la France, 142.

Mais surtout, au-delà de cette réussite incroyable (qui a certes des défauts : dictature, inégalités, opacité des rouages politiques et parfois économiques, etc.), le plus impressionnant réside dans le fait que cette nouvelle puissance économique de la Chine lui a conféré un pouvoir financier sans précédent. À côté de l'importance grandissante de ses fonds d'investissement, l'Empire du Milieu dispose, en effet, d'un « trésor de guerre » unique. En l'occurrence des réserves de change (en stock à l'actif de la Banque centrale chinoise) qui ont encore atteint un nouveau sommet historique de plus de 4 000 milliards de dollars l'an passé, soit 500 milliards de plus que le PIB allemand.

Il y a dix ans, ces mêmes réserves de change n'étaient « que » de 1 200 milliards de dollars, c'est-à-dire le niveau actuel de celles du Japon, qui arrive en deuxième position mondial. En d'autres termes, si une ou plusieurs crises arrivent demain en Chine, elle pourra les résorber en utilisant ses réserves, mais aussi en agissant sur son taux de change. N'en déplaise à ses détracteurs récurrents depuis recule, le dollar s'apprécie. Généralement cette appréciation du billet vert se traduit par une désaffection des investisseurs pour les matières premières et notamment le pétrole, qui voient ainsi leurs cours baisser.

Certes, la baisse de l'euro ne peut pas complètement changer la donne économique. L'atteinte d'un euro normal est une condition nécessaire mais pas suffisante pour relancer la croissance de manière forte et durable. Et ce pour trois raisons principales. Primo, les écarts de compétitivité-prix au sein de la zone euro demeurent importants. Le niveau de l'euro est effectivement le même pour tous les pays de l'UEM. Ainsi, une dépréciation de la monnaie ne peut profiter exclusivement à la France. Dans ce contexte, la compétitivité-prix a plutôt trait aux différentiels de salaires entre États de la zone euro. Et sur ce point, la France peut faire beaucoup mieux. Une fois encore, nous voyons là l'importance d'engager toutes les mesures de notre thérapie de choc en même temps.

Secundo, la compétitivité dite hors prix peut affecter durablement le commerce extérieur français. Elle se rapporte à la qualité de la production et au caractère innovant des produits nationaux. Or, en plein processus de désindustrialisation, il n'y a, a priori, aucune raison pour que la baisse de l'euro engendre une hausse relative de la qualité de la production hexagonale…

Tertio, il ne faut pas oublier qu'une baisse de la devise ne produit ses premiers effets sur l'activité qu'environ six à neuf mois après avoir été enclenchée.

Au total, chaque fois que l'euro s'apprécie de 10 %, la croissance perd environ 0,5 point. Dès que la barre du 1,35 dollar pour un euro est franchie, cette déperdition de croissance pour 10 % d'appréciation est doublée. Plus globalement, en réduisant les prix des produits importés et en pesant négativement sur l'activité nationale, l'euro trop fort alimente les forces déflationnistes, qui sont d'ailleurs d'ores et déjà en mouvement dans l'UEM.

À l'inverse, lorsque l'euro se déprécie de 10 %, la progression de l'activité gagne 0,5 point. Et lorsqu'il passe sous 1,15 dollar, ce gain de croissance pour 10 % de dépréciation est également doublé.

Une baisse de l'euro de 1,30 à 1,10 dollar rapportera environ 20 milliards d'euros à l'économie française, soit bien plus que les usines à gaz gouvernementales destinées à réduire les coûts qui pèsent sur les entreprises, sans y parvenir véritablement. La croissance en sortira donc renforcée et le chemin de la réduction du chômage, des déficits et de la dette sera enfin emprunté. De quoi redorer le blason de notre économie, renforçant par là même sa compétitivité et l'installant ainsi dans un cercle vertueux durable.

En conclusion : oui, la France et la zone euro ont besoin d'un euro moins fort. Ne l'oublions jamais : la dernière fois que la croissance a été forte dans l'Hexagone et dans l'UEM, c'était en 1999-2000, lorsque l'euro valait environ 0,90 dollar. À l'inverse, chaque fois que l'euro a dépassé 1,20 dollar, la croissance s'est effondrée.

En définitive, si l'on ne veut pas retomber dans la récession et plus globalement dans la crise de la dette, l'euro est condamné à se déprécier, soit dans la douceur – via une meilleure gouvernance économique et monétaire mais aussi via une politique française plus crédible qui permettra notamment aux Allemands d'assouplir leur position – soit dans la douleur avec un retour de la récession qui deviendra alors dévastatrice.

Si la baisse de l'euro vers son niveau normal paraît donc indispensable, une question demeure : comment engager et contrôler cette dépréciation ? La stratégie est triple. Le premier volet est déjà fonctionnel, puisqu'il s'agit de la baisse des taux directeurs de la BCE en-deçà de ceux des principales banques centrales occidentales, et notamment de la Réserve fédérale américaine. Mieux, dans la mesure où cette dernière devrait augmenter son principal taux directeur (en l'occurrence le taux objectif des *federal funds*) courant 2015, l'écart de rendement entre l'euro et le dollar devrait encore se creuser à l'avantage du billet vert.

Le deuxième volet du mouvement de dépréciation de l'euro est politique. En effet, la valorisation d'une devise est avant tout d'ordre gouvernemental. Autrement dit, il faut réussir à se mettre d'accord au niveau eurolandais et en particulier convaincre les Allemands de retrouver un euro normal.

En appliquant la présente thérapie de choc, la France fournira une preuve déterminante de sa bonne volonté, à même d'assouplir la position des Allemands. Le conseil européen pourrait même assigner un objectif de taux de change à la BCE, en fonction de l'état de la croissance et de l'inflation.

Enfin, *last but not least*, pour couronner ces mesures, il faudra engager des accords internationaux entre l'UEM, les États-Unis, le Japon, la Chine et le Royaume-Uni, par exemple dans le cadre du G20. Si ce dernier est d'ores et déjà conscient des dangers de la guerre des monnaies, il est grand temps qu'il joigne le geste à la parole.

La crainte de l'oncle Sam n'est d'ailleurs pas de retrouver un euro à 1,15 dollar, mais de subir une parité de un contre un, voire moins, qui pourrait coûter très cher à sa croissance.

De plus, à présent que leur économie va mieux, les États-Unis doivent absolument reconstituer une marge de manœuvre en matière de politique monétaire et de taux de change. Ils doivent donc piloter une remontée progressive des taux directeurs et du dollar, de manière à pouvoir actionner ces deux armes lorsque l'activité américaine ralentira. On l'oublie souvent en France : la politique économique est cyclique, cela signifie que pour être efficace, elle ne doit être utilisée à plein qu'en phase difficile. Si on en abuse, y compris lorsque la situation économique est favorable, sa capacité d'action s'émousse et finit par disparaître.

Toujours est-il qu'en matière de dépréciation de l'euro, la France dispose d'une fenêtre de tir exceptionnelle pour engager sa thérapie de choc. Non seulement parce que les Américains sont prêts à apporter leur aide à l'Europe (ils n'ont effectivement pas intérêt à détruire leur principal client) en matière de valorisation de l'euro/dollar, mais aussi parce que la baisse de ce dernier apportera son lot de croissance. Elle constituera donc la confiture à même de faire mieux passer la pilule de certaines mesures pouvant paraître difficiles telles que la baisse des dépenses publiques.

Mais attention, si la France s'obstinait et refusait, seule contre tous, de moderniser son économie et de réduire significativement ses déficits publics, la crise pourrait prendre une tournure bien plus grave. La baisse mesurée de l'euro deviendrait alors un plongeon, qui pourrait nuire à la crédibilité de la zone et effrayer les investisseurs. Une augmentation des taux d'intérêt de long terme s'ensuivrait, avec effondrement de l'activité économique à la clé. Entre le paradis et l'enfer, la frontière est parfois mince…

En bref, voici les mesures à prendre pour consacrer un euro normal, favorable à la croissance :

1. maintenir un différentiel de taux d'intérêt directeurs permettant à l'euro de retrouver durablement son niveau normal, en l'occurrence 1,15 dollar ;

2. afficher la volonté claire des dirigeants politiques eurolandais en faveur d'un euro normal ;

3. permettre à la BCE de suivre un objectif de taux de change assigné par le conseil européen ;

4. engager des négociations avec les États-Unis, la Chine, le Japon et le Royaume-Uni en matière de limitation de la volatilité des taux de change.

IX

CRÉER UN BUDGET FÉDÉRAL EUROPÉEN ET DES EUROBONDS

Avec une économie modernisée, une BCE ultra-accommodante et un euro favorable à la croissance, les Français et l'ensemble des Eurolandais n'auront donc plus de raisons de se méfier de l'Union économique et monétaire. En effet, l'une des principales raisons du désamour de plus en plus d'Européens pour l'euro réside simplement dans le fait que l'UEM a été incapable de générer une croissance forte. Pire, la zone euro est la lanterne rouge de la croissance mondiale depuis 2002. Cet échec tient pour l'essentiel à la faible efficacité (et c'est un euphémisme !) de la politique économique eurolandaise. Or, ce défaut est directement lié à un problème fondamental : la zone euro n'est pas terminée. En effet, elle ne sera crédible qu'une fois devenue ce que l'on appelle une Zone monétaire optimale (ZMO), c'est-à-dire parfaitement unifiée à tout point de vue, comme les États-Unis d'Amérique ou ceux de la

République fédérative du Brésil par exemple. C'est d'ailleurs ce qui était prévu dans le traité de Maastricht, mais qu'on a oublié.

Pour comprendre cette erreur de construction, il faut se souvenir de la genèse de l'UEM et remonter à la relance Mitterrand de juin 1981. Un an plus tard, l'échec est cuisant : les déficits commerciaux et budgétaires se creusent dangereusement, le franc est constamment attaqué, la croissance reste faible et le chômage continue d'augmenter. Le président français est alors devant un choix crucial : soit il continue sa politique et la France doit sortir du Système monétaire européen, voire de l'Union européenne, soit il veut ancrer l'Hexagone dans la construction européenne et doit pratiquer une politique de rigueur. Après une période d'hésitation, sur les conseils insistants de Jacques Delors et certainement parce qu'il ne veut pas remettre en cause l'amitié franco-allemande et menacer ainsi la cohésion européenne, François Mitterrand opte finalement pour la seconde solution.

Cette fois la France a fait le bon choix, mais en sera-t-il de même dans l'avenir ? Le chancelier allemand Helmut Kohl lui souffle alors une idée simple : pour éviter l'explosion de la construction européenne, il faut un acte fort qui scellera à jamais cette dernière. Ce lien indéfectible ne peut être que la monnaie.

Petit problème : l'Union européenne n'est pas une Zone monétaire optimale. Or, on ne peut faire d'union monétaire (c'est-à-dire fixer à jamais les parités de change entre les différents États composant l'Union) qu'entre pays économiquement proches.

D'où l'idée de conditionner l'entrée dans l'UEM à des critères de convergence (déficit public inférieur à 3 % du PIB, dette publique inférieure à 60 % du PIB, inflation limitée, taux d'intérêt à long terme convergents et participation au Système monétaire européen depuis au moins deux ans).

Évidemment, les dirigeants européens sont conscients que ces critères ne sont que nominaux (c'est-à-dire non qualitatifs) et donc insuffisants pour garantir l'avènement d'une ZMO. Mais qu'importe, l'enjeu politique est tellement important que l'on décide de créer une monnaie unique qui, ensuite, du moins c'est ce que l'on espère à l'époque, permettra de créer une vraie ZMO, c'est-à-dire une zone dans laquelle la mobilité des facteurs de production (et en particulier la main-d'œuvre) sera parfaite et où un budget fédéral assurera la cohésion d'ensemble. De la sorte, on évitera la survenance de chocs asymétriques qui ne concerneraient qu'un seul groupe de pays et mettraient par là même en péril l'ensemble de la zone.

Pour parvenir à cet objectif, la création de la zone euro devait être suivie d'ajustements majeurs parmi lesquels l'harmonisation fiscale et réglementaire, celle des marchés du travail, mais aussi la mise en place d'une véritable politique budgétaire européenne.

Tout ceci n'ayant pas été réalisé, la zone euro est bancale entre une monnaie et une BCE uniques mais plusieurs politiques budgétaires, des conditions fiscales et réglementaires différentes…

De plus, la zone euro ne dispose pas de moyens financiers pour réduire les divergences qui perdurent en son sein. À titre de comparaison, on peut par exemple noter que le budget fédéral des États-Unis, qui alloue des dépenses en fonction des besoins de chaque État, représente 20 % du PIB américain, tandis que le budget eurolandais ne représente que 1 % du PIB de la zone euro.

En outre, imaginer un budget eurolandais qui ferait contre-pouvoir à la politique monétaire relève du rêve car le Royaume-Uni refuse toujours de participer à l'Union monétaire. Or, le seul budget européen qui soit est celui de l'Union totale. Autrement dit, tant que le Royaume-Uni ne sera pas dans la zone euro ou sinon tant qu'il ne sera pas exclu du budget européen, l'UEM ne pourra pas devenir une ZMO.

En d'autres termes, la création d'un budget fédéral conséquent est l'un des ingrédients obligatoires de la sortie de la crise pour la zone euro et par conséquent pour la France.

D'ailleurs, cette tempête interminable ne fait que confirmer que l'UEM ne peut perdurer sans un minimum d'union politique. Tant qu'elle n'est pas complétée par une institution politique supranationale, elle reste menacée par la moindre crise d'un de ses membres, quand bien même ce dernier serait le plus petit. Cette nécessité n'est pas nouvelle, elle est écrite noir sur blanc dans le traité de Maastricht, qui souligne que l'UEM n'est qu'une étape de la construction européenne vers une Union politique et fédérale. Que l'on soit pour ou contre, il est clair que sans cette dernière la zone euro ne pourra survivre. Le fédéralisme eurolandais signifiera donc une véritable harmonisation des conditions réglementaires et fiscales, un marché du travail unique et, surtout, un budget fédéral.

Pour créer ce dernier, il faut bien sûr éviter de mettre en place de nouvelles dépenses et de nouveaux impôts. Dans la plupart des pays eurolandais, en particulier en France, ils sont déjà bien trop élevés, notamment lorsqu'on les rapporte au PIB. Non, un budget eurolandais efficace doit absolument passer par le transfert d'une partie des budgets des différents États membres vers un budget supranational qui serait d'ailleurs placé sous l'autorité d'un ministre de l'Économie de l'ensemble de la zone euro.

Malheureusement, lorsqu'on connaît les difficultés de chaque pays eurolandais à réduire les déficits et créer un budget efficace (donc générateur de croissance et d'emplois, sans gaspillage), on se rend compte combien la tâche sera ardue.

Pour convaincre les pays membres, il faudra que ce budget fédéral soit un modèle d'efficacité et consacré exclusivement aux grands investissements et à l'innovation. De plus, pour assurer son financement, il sera indispensable de créer des eurobonds, c'est-à-dire des obligations garanties par l'ensemble de la zone euro.

Seulement voilà, comme pour la « planche à billets » et « l'euro normal », il faudra là aussi convaincre les Allemands. Dans la mesure où ils seront de facto les plus gros contributeurs au budget fédéral (le PIB allemand représente effectivement un tiers de celui de la zone euro) et où ils ont déjà beaucoup donné pour la construction européenne, nos voisins d'outre-Rhin rechignent fortement à l'idée de mettre encore la main à la poche. De plus, ils ne veulent pas devoir être les garants d'euro-obligations qui profiteront principalement aux autres pays de l'UEM et notamment à la France qui, jusqu'à présent, a refusé de moderniser son économie.

Il n'y a qu'à lire la presse allemande ou écouter la plupart des dirigeants outre-Rhin pour comprendre que les relations avec la France ne sont pas au beau fixe. Les sommets franco-allemands font d'ailleurs de plus en plus peine à voir. Il est presque amusant d'observer François Hollande ou Manuel Valls essayer de défendre devant Angela Merkel le sérieux budgétaire de la France en dépit de ses énièmes dérapages. Habituée à faire semblant d'être compatissante à l'égard de la France, la chancelière adopte face à eux la même position qu'avec MM. Chirac et Sarkozy : sympathie mais fermeté, avec pour message subliminal « cause toujours tu m'intéresses ».

Car c'est bien là le problème des relations franco-allemandes : depuis plus de vingt ans, les dirigeants français font des promesses qu'ils ne tiennent pas. Pire, leurs réalisations économiques sont souvent aux antipodes de ce qu'ils avaient annoncé. Face à ces mensonges à répétition, ils ne sont donc plus crédibles, ni pour les Allemands ni pour leurs autres partenaires européens.

Un nouveau palier dans le ridicule des relations franco-allemandes a d'ailleurs été atteint lorsqu'en pleine commémoration du centième anniversaire du début de la guerre 1914-1918, François Hollande a demandé l'aide de l'Allemagne pour tenter de redresser l'économie française. Georges Clémenceau a dû se retourner dans sa tombe.

Bien entendu, l'Allemagne d'aujourd'hui est très loin de celle de 1914-1918 et a fortiori de celle de 1939. Pour autant, cet appel au secours est à la fois un aveu de faiblesse et la confirmation que la France n'a plus les moyens de sauver son économie par elle-même. Quelle tristesse ! À la rigueur si, comme nous le spécifions dans notre thérapie, le président Hollande avait demandé à l'Allemagne d'assouplir sa position en matière d'euro trop fort et/ou de « planche à billets » de la BCE, cela aurait pu se comprendre. Mais, demander à l'Allemagne de réinvestir ses excédents pour relancer la croissance française relève de l'ignorance économique et de l'erreur stratégique élémentaire. Comment un pays qui a refusé de moderniser son système depuis plus de vingt ans, s'endormant royalement sur ses lauriers, peut-il demander à son voisin de le faire aimablement profiter des fruits des énormes sacrifices qu'il s'est imposés pendant ce temps ? Notre Président devrait relire les fables de La Fontaine, à commencer par *La Cigale et la Fourmi*.

Tout à fait logiquement, l'Allemagne s'est délectée à répondre d'un « nein » aussi cinglant que rabaissant. Autrement dit, au-delà des accolades et des embrassades de façade, le torchon brûle. Rarement depuis la Seconde Guerre mondiale, les vexations, les invectives et les quolibets ont été aussi nombreux et virulents. Nos cousins germaniques ne supportent effectivement plus le manque de clairvoyance et de pragmatisme des élites et des gouvernants français.

Il faut dire que, depuis une décennie, les écarts n'ont cessé de se creuser sur le front économique et idéologique. Ainsi, alors que les Français ont refusé de réformer leur économie, les Allemands se sont lancés dans une modernisation massive qui leur a imposé des efforts douloureux. Depuis le début des années 2000 et quelle que soit la couleur politique du gouvernement au pouvoir, les Allemands ont fait preuve d'un courage politique et social à toute épreuve. Ils ont par exemple réduit l'impôt sur les sociétés de 35 % à 25 %. De plus, patronat et syndicats se sont accordés pour baisser les salaires réels. Les pouvoirs publics ont également mis fin à beaucoup de gaspillages et réduit le montant de nombreuses prestations sociales. Ils ont enfin amélioré la fluidité de leur marché du travail et augmenté l'âge légal de la retraite. Autant de réformes structurelles qui ont permis aux entreprises de continuer d'investir et de rester compétitives face à la concurrence internationale. Dès lors, si la crise de 2008-2009 a été très difficile aussi pour l'économie allemande, cette dernière était mieux armée pour redémarrer.

À l'inverse, et là encore quelle que soit la couleur politique du gouvernement en place, la France a refusé de moderniser son économie et de faire la rupture structurelle tant annoncée depuis des décennies. Ainsi, bien loin de l'esprit de sacrifice et de responsabilité des Allemands, les dirigeants français ont continué de dilapider des deniers qu'ils n'avaient pas, maintenant le pays sous une perfusion certes agréable mais ô combien coûteuse et inefficace. Et pour cause : la gabegie de dépenses publiques n'a absolument pas permis d'éviter la crise, la montée du chômage, l'augmentation des inégalités et de la pauvreté. Pire, plutôt que de s'excuser de ces erreurs stratégiques, les dirigeants français n'hésitent plus à critiquer la politique allemande, qui serait la cause principale des difficultés économiques françaises et européennes. C'est donc désormais la cigale qui fait des remontrances à la fourmi…

Certes, il faut reconnaître que, dans leur volonté de rigueur, les Allemands sont allés un peu loin. Cependant, cette stratégie a été choisie par le peuple, confirmant que ce dernier garde un fort sens de l'abnégation et une vision d'avenir déterminante. D'ailleurs, n'oublions pas que la faiblesse de la consommation allemande n'est pas seulement due à la politique économique gouvernementale mais surtout à la baisse démographique qui s'observe depuis 2005. Réciproquement, la résistance de la consommation française s'explique principalement par les perfusions en tout genre et par la vigueur de la natalité. C'est d'ailleurs là que réside l'un des grands paradoxes du couple germano-français : les uns préparent l'avenir en faisant des réformes, mais font peu d'enfants pour en profiter ; les autres refusent les réformes mais font beaucoup d'enfants qui devront affronter des lendemains difficiles…

Devant cette triste situation, plutôt que d'admettre leurs erreurs et de « se bouger », de plus en plus de Français s'élèvent pour critiquer le positionnement allemand de l'Europe et notamment de la zone euro. « Et si finalement les Allemands avaient tort ?! » entend-on ici et là.

Peut-être, mais, en attendant, ils sont les seuls justement à avoir réussi à sortir de la crise sans trop de dégâts. L'Allemagne est même l'un des rares pays eurolandais dont la croissance structurelle n'a pas baissé au cours de la dernière décennie, se maintenant autour de 1,5 %. Mieux, son taux de chômage aux alentours des 5 % est stable depuis 2012. Les mesures prônées outre-Rhin et que nous reprenons en partie dans notre thérapie de choc ne sont donc pas expérimentales, elles ont déjà fait leur preuve.

À l'inverse, les propositions alternatives françaises de dérapage budgétaire et d'augmentation des dépenses publiques ont prouvé, à maintes reprises, qu'elles étaient vouées à l'échec.

Ainsi, en dépit des critiques et de certaines apparences, Mme Merkel a réussi à ancrer l'UEM dans une conception allemande de l'économie. Et l'Allemagne est définitivement devenue la locomotive économique, financière et politique, de la zone euro. La raison de cette triple domination est simple : au cours des dix dernières années, nos voisins germaniques sont les seuls à avoir tenu leurs engagements en termes de modernisation de leurs structures économiques, d'assainissement des dépenses publiques et de réduction des déficits. Des mesures que tous les pays européens avaient promis de mettre en place lors de la « stratégie de Lisbonne » établie en 2000.

Bien loin de ce sens du sacrifice, de la responsabilité et du respect de ses engagements, la France s'est enfoncée dans l'immobilisme. Dans ce cadre, alors qu'il y a une décennie la France pouvait encore imposer sa voix à l'ensemble de la zone euro devant celle de l'Allemagne, elle est aujourd'hui forcée de courber l'échine.

Nous sommes loin des promesses du candidat Hollande, qui, pendant la campagne, n'avait de cesse de soutenir qu'il allait faire plier les Allemands et rediriger l'UEM vers une voie française. Très vite, toutes ces belles paroles ont été oubliées et les dirigeants français sont désormais contraints à approuver les choix allemands, tout en essayant de faire croire l'inverse aux Français et en assurant Mme Merkel qu'ils réduiront vraiment leurs déficits publics.

Mais attention, les Allemands ne se laisseront plus faire. Voilà pourquoi, si les Français veulent un jour retrouver le chemin de la crédibilité et reprendre leur rôle de locomotive économico-politique de la zone euro, ils devront enfin réformer en profondeur leur économie, réduire les dépenses publiques, abaisser la pression fiscale et moderniser le marché du travail. Ils pourront alors retrouver le chemin de la croissance soutenue.

C'est à ce prix que l'Allemagne acceptera la formation d'un véritable budget fédéral et la création d'eurobonds. Et c'est ainsi que la zone euro sera sauvée et la France avec.

À l'inverse, plus la France tardera à emprunter la voie de la rationalité économique, plus son poids sur la scène européenne et internationale s'amoindrira, et plus l'Allemagne dominera l'Europe avec, en toile de fond, une menace existentielle pour la zone euro. Les cartes sont donc entre nos mains. Il suffit de bien les utiliser…

En conclusion, la sortie de crise pour la France et la zone euro dans son ensemble devra passer par les mesures suivantes :

1. la création d'un budget fédéral eurolandais d'au moins 10 % du PIB ;

2. le transfert d'une partie des budgets nationaux au budget fédéral ;

3. l'émission d'obligations eurolandaises, dites eurobonds, pour financer ce budget ;

4. la nomination d'un ministre de l'Économie eurolandais, notamment pour assurer le bon fonctionnement de ce budget ;

5. la focalisation du budget fédéral sur les grands travaux, les investissements d'avenir et l'innovation.

X

DÉVELOPPER LA CULTURE ÉCONOMIQUE DES FRANÇAIS

Pour pouvoir appliquer l'ensemble de notre thérapie et réussir à guérir la France de ses nombreux maux économiques et sociaux, il est aussi indispensable de redonner de la cohésion à la société française. En effet, de par la croissance molle qui prévaut depuis vingt ans et a fortiori depuis la crise de 2008-2009, les tensions sociales se sont accrues. Et ce d'autant que la faiblesse de la culture économique et l'apologie de la lutte des classes qui prévalent dans l'Hexagone depuis trop longtemps constituent un terreau pour la jalousie, les haines et extrémismes en tout genre. Dans un tel climat d'animosité, la croissance forte devient presque impossible. C'est un peu comme si les membres de l'équipage d'un paquebot passaient leur temps à se chamailler et se tirer dans les pattes. Il y aurait peu de chances que ce bateau avance rapidement et a fortiori arrive à bon port… Voilà pourquoi, pour compléter l'ensemble des mesures que nous avons présentées jusqu'à présent, il faudra également réconcilier les Français avec l'économie au sens large, avec celle de leur pays aussi et finalement avec eux-mêmes.

Pour commencer, il paraît indispensable de développer la culture économique des Français et leur expliquer que les mesures à prendre ne sont ni ultralibérales ni de gauche ou de droite, mais simplement de bon sens.

En effet, il n'y a désormais plus de théorie économique dominante. La seule théorie valable est celle de la croissance et de l'emploi.

Certes, depuis le XVIIe siècle et la naissance du capitalisme, les théories économiques n'ont cessé de se développer, se complétant parfois, s'opposant souvent, avec généralement pour but de devenir la théorie dominante. Depuis lors, l'histoire de la pensée économique a été une succession de périodes de gloire des différentes théories, les unes réfutant les autres et ne pouvant, du moins en apparence, subsister ensemble. Tout a commencé avec la révolution industrielle du XVIIe siècle, puis l'expansion économique des siècles suivants qui ont imposé la théorie dite classique ou encore libérale, en l'occurrence celle d'Adam Smith, de David Ricardo et de Jean-Baptiste Say. Les principes de base en sont simples : le marché assure l'équilibre général, l'offre créant sa propre demande et l'épargne permettant de financer l'investissement et d'accroître la

« richesse des nations ». Parallèlement, l'augmentation des inégalités et les difficultés de la classe ouvrière de l'époque ont progressivement promu le marxisme au rang de théorie alternative, puis dominante à partir de 1917 dans certaines parties du globe, qui ont alors mis entre parenthèses le système capitaliste pendant soixante-dix ans. Entre-temps, la crise de 1929 est passée par là et a montré que l'équilibre entre l'offre et la demande n'était pas toujours garanti et surtout que l'offre ne créait pas forcément sa propre demande. D'où des situations d'excès d'offre et donc de déflation.

La théorie keynésienne de soutien conjoncturel à la demande, via l'intervention temporaire de l'État dans l'économie, va alors gagner ses galons et devenir la référence dès les années 1930 aux États-Unis et pendant les Trente Glorieuses dans l'ensemble de la planète hors bloc communiste. Au contraire des théories classiques, néoclassiques ou encore libérales, la théorie keynésienne met en avant l'importance de la demande, au travers du rôle multiplicateur de l'investissement. Selon elle, si l'offre est supérieure à la demande, la puissance publique doit se substituer temporairement au secteur privé pour favoriser l'investissement, ce qui boostera la croissance et augmentera les recettes fiscales permettant *in fine* à l'État de financer son plan de relance et de revenir à l'équilibre de ses comptes. Keynes n'a donc jamais été partisan des déficits publics récurrents et a fortiori structurels. Mais, comme toute théorie, le keynésianisme a ses limites puisqu'il n'est optimal qu'en économie fermée et génère sur le court terme une légère augmentation de l'inflation. Aussi, avec l'essor des échanges internationaux et surtout les chocs pétroliers des années 1970-1980, la théorie keynésienne et ses recommandations de politique économique vont très vite devenir inadéquates.

Le keynésianisme va alors être remplacé par un renouveau de la théorie classique mais en particulier par le monétarisme. Selon les tenants de cette « doctrine » élaborée par Milton Friedman, la monnaie n'est qu'un voile et toute relance monétaire et/ou budgétaire est par essence vouée à l'échec. L'inflation culmine alors à plus de 10 % dans la plupart des pays développés et la lutte contre l'inflation devient, à juste titre, la priorité absolue. Cependant, à l'instar de ses homologues, la théorie monétariste oublie que l'économie n'est pas une science exacte, mais une science humaine qui évolue avec le temps et les personnes. Autrement dit, ce qui est vrai à un instant t, ne l'est plus forcément à t + n. Dès lors, toute rigidité devient par construction productrice d'inefficacités. La théorie monétariste, certainement l'une des plus rigides qui soit, est alors, elle aussi, battue en brèche. Ainsi, la révolution des NTIC rappelle le rôle déterminant de l'investissement et confirme que la baisse du chômage peut coexister avec une inflation modérée, notamment grâce aux progrès technologiques et aux gains de productivité qu'ils génèrent.

Cette période marque la fin de l'hégémonie monétariste et aussi celle des monopoles en matière de pensée économique. En effet, depuis une quinzaine d'années, il n'y a plus de doctrine dominante. Même si chacun des trois grands courants (classiques, keynésiens, monétaristes) dispose encore d'adeptes farouches, les plus virulents étant principalement les monétaristes et se situent notamment du côté de l'école de Chicago. Mais, au-delà de ces irréductibles, il faut souligner qu'aujourd'hui le pragmatisme a généralement pris le pas sur le dogmatisme théorique et idéologique.

Ainsi, la bonne politique économique doit intégrer à la fois des préoccupations keynésiennes de demande, des dimensions structurelles relatives à l'offre selon une logique libérale et la nécessité de limiter l'inflation sous les 4 % ou sous les 2,5 % hors énergie et produits alimentaires comme le soutiennent les monétaristes modernes. Le tout n'ayant finalement qu'un seul but : l'efficacité économique et sociale.

C'est dans ce cadre que Clinton le keynésien a su réduire la dépense publique et obtenir un excédent public de 1998 à 2000 et qu'à l'inverse Bush, le libéral, a engagé à deux reprises une relance keynésienne (en 2001-2002 et en 2008) pour permettre à l'économie américaine de redémarrer. À l'inverse, dans l'Hexagone, les années de croissance forte de 1998-2000 n'ont pas été mises à profit pour obtenir un excédent mais pour dilapider une « cagnotte » idéologique transformant des recettes fiscales conjoncturelles en dépenses publiques structurelles. Quant à l'Allemagne qui a certes réalisé des réformes exceptionnelles sur son appareil productif, elle a malheureusement oublié la demande, contrairement à la France qui elle, culturellement, se focalise dessus, négligeant l'offre.

Il ne nous reste donc plus qu'à souhaiter que très vite, tant en France que dans l'ensemble de la zone euro, les dirigeants politiques et monétaires mais aussi les citoyens comprennent qu'il est désormais possible, voire indispensable, d'être à la fois libéral et keynésien, de faire des réformes structurelles sur l'offre tout en soutenant la demande, et d'imposer une règle d'or : l'efficacité et la rationalité économiques doivent toujours primer sur les dogmatismes théoriques et idéologiques. Tant qu'il n'en sera pas ainsi, nous resterons engoncés dans la croissance molle et la faiblesse du pouvoir d'achat.

Certes, avant d'arriver à cette lucidité collective, le chemin est encore long, en particulier dans l'Hexagone où les manuels d'économie ressemblent souvent à des tracts idéologiques proches du marxisme. D'ailleurs, à en croire certains, la France serait l'un des derniers pays communistes de la planète, à côté de Cuba et de la Corée du Nord ; la Chine n'ayant plus de communiste que le nom et constituant certainement l'un des pays au monde où la recherche du profit est la plus forte. Si cette analyse excessive peut susciter le rire, force est malheureusement de constater qu'elle n'est pas dénuée d'une certaine part de vérité. En effet, comme nous l'avons souligné, la France est un pays dans lequel le poids des dépenses publiques et de la pression fiscale dans le PIB figure parmi les plus élevés du globe. Elle ne rivalise dans ce domaine qu'avec certains micro-États et quelques pays scandinaves qui cependant, en échange, obtiennent des résultats significatifs en termes de croissance, d'emploi et de stabilité sociale. Et ce pour une simple raison : leur pacte social est transparent, n'acceptant aucune fraude et ne servant que l'intérêt général.

À l'inverse, la France se paie le luxe d'entretenir des dépenses publiques pharaoniques avec pour seuls résultats : une croissance molle, un chômage élevé, un accroissement des inégalités sociales et de la pauvreté. Certains diront alors que, sans ces dépenses, la situation serait encore plus dramatique. Et c'est justement là que la France commence à sombrer dans le communisme. Car, si pratiquer un laxisme budgétaire depuis trente ans sans résultats positifs peut, à la rigueur, se comprendre pour des raisons bassement politiciennes liées à la volonté des dirigeants politiques d'être élus ou réélus, vouloir encore augmenter la facture devient grotesque et surtout dangereux.

Or, encore aujourd'hui et malgré les évidences, trop peu de personnes en France osent demander la transformation de notre modèle étatiste hypertrophié en un système libéré avec moins de pressions fiscale, budgétaire et réglementaire. Pis, de plus en plus de Français souhaitent engager un mouvement inverse. Ainsi, selon un récent sondage Ipsos, 48 % des Français estiment que le dérapage structurel de la dette publique ne constitue pas un danger qu'il faudrait régler d'urgence. De quoi rappeler que le « toujours plus d'État » a la vie longue dans l'Hexagone en dépit de son inefficacité criante depuis trente ans.

Encore plus grave : il y a quelques années, un ancien joueur de football, devenu acteur, a appelé les Français à vider leurs comptes bancaires, en soulignant que « la révolution se fait par les banques ». Cette petite farce d'une ancienne star du foot en mal d'attention aurait pu s'arrêter là, mais elle a été reprise massivement sur la toile si bien qu'une sorte de collectif anticapitaliste a appelé à des retraits bancaires massifs le 7 décembre 2010. Particulièrement grotesques, ces élucubrations montrent néanmoins l'ampleur du malaise social qui prévaut dans notre « douce France ». En effet, avec près de 9 millions de personnes vivant sous le seuil de pauvreté, un revenu mensuel médian de seulement

1 700 euros et une augmentation des inégalités, la France apparaît menacée par une crise sociale de grande envergure.

Si l'origine principale de ce mal-être réside évidemment dans la crise que traverse le pays depuis plus de sept ans, elle relève également de problèmes ancrés au plus profond de la culture française. En l'occurrence, comme on l'a vu, la méconnaissance des mécanismes économiques, mais aussi l'hypocrisie face à l'argent, le mépris de la réussite et, synthétisant le tout, l'esprit de la lutte des classes, qui est certainement le meilleur allié de la pauvreté puisqu'elle revient à figer la société, élevant les uns contre les autres dans un but stérile, voire destructeur.

Ainsi, lorsque régulièrement M. Cantona ou d'autres demandent aux Français de détruire le système bancaire, ils ignorent ou feignent d'ignorer que ceux qui y perdront le plus seront justement les petits épargnants qui ne pourront plus récupérer leurs fonds durement acquis quand leur banque aura fait faillite. Plutôt que de sombrer dans le populisme et la démagogie, les sportifs et stars en tout genre feraient mieux d'inciter au travail, à la victoire et à la promotion sociale. Car, il est clair qu'à force de vouloir tout casser et alimenter la lutte des classes, l'ascenseur social ne montera jamais pour ces personnes manipulées.

Et c'est uniquement parce que j'ai grandi et vécu jusqu'à 25 ans dans une cité HLM d'Orly où 85 % d'une classe d'âge n'avaient pas le bac, que je me permets d'en parler. Seulement voilà, si j'ai réussi à m'en sortir, combien y sont restés ? Déjà tendue il y a vingt ans, la situation de ces cités à travers la France a évidemment empiré. Pourquoi ? Tout simplement par manque de perspectives. Aussi, pour sauver la France de sa lutte des classes viscérale et par là même de son immobilisme structurel, il n'y a qu'une solution : redonner de l'espoir à une population et à une jeunesse en mal de repères. Et cela ne passera certainement pas par une augmentation des dépenses publiques et des perfusions diverses et variées qui sclérosent la société. Cela passera, au contraire, par une libération des énergies et de l'esprit d'initiative qui ne pourra s'opérer que par une réduction des pressions fiscale, réglementaire et budgétaire. Pour y parvenir, il faudra également augmenter la culture économique des Français et sortir du vieux carcan anticapitaliste qui est malheureusement trop présent dans les manuels scolaires et ailleurs. Cela permettra notamment de faire comprendre aux jeunes et moins jeunes que si le système capitaliste n'est bien sûr pas parfait, il est le seul capable de fonctionner, comme l'ont prouvé les échecs cuisants des autres expériences. Dès lors, ce n'est pas en le détruisant que l'on créera un monde meilleur, mais en améliorant son fonctionnement.

Enfin, il faut aussi développer la culture de la réussite. En France, le succès est suspect ! Il va falloir changer car on en a besoin pour gagner !

Si nous voulons sortir par le haut de la crise actuelle et éviter que la France sombre dans une révolution sociale, nous savons ce qui nous reste à faire. Mais si nous continuons à refuser de voir la réalité en face et maintenons notre comportement dogmatique, la haine et la lutte des classes s'imposeront de plus en plus, ce qui finira par plonger la France dans un marasme sans nom. Nous voilà prévenus…

Un autre exemple français de vision tronquée de la réalité économique réside dans le concept de patriotisme économique, qui est devenu une sorte de « tarte à la crème » démagogique.

Tout a commencé avec le psychodrame économico-politique du printemps 2014 : Alstom, un fleuron de la technologie française, a été dépecé et a vendu sa branche « énergie » aux « méchants » Américains de General Electric. Et ce sous les yeux impuissants du gouvernement français et de son ministre de l'Économie de l'époque (Arnaud « Montebourde » pour les intimes) qui n'a cessé de défendre le fameux « patriotisme économique à la française ». Certes, les gouvernants hexagonaux ont essayé de trouver une solution franco-française. En vain. Et pour cause, personne n'a voulu rééditer l'erreur de Bouygues qui, en entrant dans le capital d'Alstom en 2006, pensait faire une belle affaire, mais a très vite souhaité reprendre ses billes, faute de rentabilité.

Toujours est-il qu'en dépit du savoir-faire technologique d'Alstom, aucune solution industrielle nationale n'a réussi à émerger.

Devant une telle débâcle, certains n'ont pas hésité à évoquer la possibilité d'une entrée de l'État au capital d'Alstom. Vu le surendettement public et la recherche désespérée de quelques milliards d'économies pour essayer de réduire les déficits, il est clair que cette option a fait long feu. C'est d'ailleurs dans ce type de situation que le dérapage incontrôlé de la dette publique prend toute son ampleur. En effet, la plupart des grandes innovations technologiques et des grandes réussites industrielles françaises (Airbus, Ariane, le nucléaire, le TGV…) ont été largement financées par l'État dans les années 1960-1970. Ce dernier jouait alors son rôle d'accélérateur économique, les dépenses publiques générant une multiplicité d'investissements privés. À l'époque, la dette publique était inférieure à 20 % du PIB et permettait à l'État de favoriser la croissance sans trop de difficultés. Seulement voilà, à force de vouloir dépenser sans compter, notamment pour son fonctionnement, la puissance publique s'est livrée à un gaspillage dramatique, qui a aggravé sa dette, sans générer de croissance économique suffisamment forte, ne serait-ce que pour rembourser chaque année la charge d'intérêts de cette dette.

Voilà pourquoi, n'en déplaise à certains, la flambée de la dette et des dépenses publiques a des conséquences dramatiques sur la compétitivité de l'économie et des entreprises hexagonales. Ces dernières, compte tenu d'une pression fiscale prohibitive, d'un coût du travail exorbitant et d'un marché de l'emploi extrêmement rigide, ont été fragilisées. Le cas d'Alstom en est symptomatique. Et pour cause : en dépit d'une technologie haut de gamme et des nombreuses aides de l'État, cette entreprise n'est pas parvenue à restaurer une rentabilité appréciable et a perdu d'importantes parts de marchés. Conséquences logiques de ces ratés stratégiques, son cours boursier est passé de 320 euros en 2000 à 6 euros avant le sauvetage de 2004 et à environ 20 euros dix ans plus tard. Par cette dévalorisation boursière, Alstom est alors devenue mécaniquement une proie. Et ce dans un marché très concurrentiel, où certains compétiteurs ont multiplié les réussites, à l'exemple de General Electric. Fort d'un chiffre d'affaires d'environ 150 milliards de dollars (contre 20 milliards pour Alstom), d'une valorisation boursière solide et d'une belle profitabilité, le fleuron américain de l'énergie s'est imposé comme le repreneur idéal de la branche « énergie » d'Alstom. C'est triste à dire, mais en période de soldes, ceux qui ont du cash ont tendance à profiter des promotions…

Face à cette réalité économique imparable, le gouvernement français a pourtant voulu monter au créneau. Il ne disposait d'aucune marge de manœuvre, tant d'un point de vue économique que financier, mais, ayant fait du « patriotisme économique » son cheval de bataille, il se devait de sauver la face. Faute de soutien franco-français, il a donc dû se retourner, une fois n'est pas coutume, vers ses amis allemands. Alors qu'on lui avait refusé Alstom en 2004, Siemens est soudain devenu une sorte de chevalier blanc. Un rapide projet griffonné sur un coin de table devait donc permettre de contrer le projet GE. Problème : d'un point de vue social, comme l'ont d'ailleurs souligné les syndicats, le projet de rachat d'Alstom par Siemens aurait engendré beaucoup plus de doublons que dans le cas GE et se serait donc révélé beaucoup plus coûteux en emplois. De quoi rappeler que la politique politicienne et l'économie des entreprises ne font jamais bon ménage…

Fort heureusement, en dépit des acrobaties et des pressions gouvernementales, Alstom a choisi General Electric, une entreprise sérieuse qui a les moyens de sauver l'ancien fleuron français. Pour autant, si Alstom est épargné à court terme, un danger majeur persiste à plus longue échéance, en l'occurrence l'absence de modernisation de l'économie française. En effet, si les dirigeants du pays persistent à refuser d'engager un traitement de choc, la fragilisation de nos entreprises et la désindustrialisation du pays continueront. De plus en plus de nos fleurons deviendront la proie de prédateurs internationaux qui auront certainement beaucoup moins de compassion que les investisseurs américains.

Malheureusement, le décret « Alstom » permettant à l'État d'opposer un droit de veto pour éviter qu'une entreprise française travaillant dans des secteurs stratégiques (énergie, eau, transports, télécoms ou santé) passe sous pavillon étranger n'arrange pas la situation.

Nous sommes ici en plein marketing, mais certainement pas face à des mesures efficaces. Fermer les frontières et imposer des vetos ne sont pas des solutions opportunes : ce sont des aveux de faiblesse. Si l'on veut que les entreprises françaises soient plus fortes et deviennent conquérantes plutôt que vaincues, il faut créer les conditions nécessaires à une croissance durablement plus forte et à leur épanouissement dans l'Hexagone. C'est notamment le but de notre thérapie de choc. C'est là que réside le vrai patriotisme économique, en l'occurrence : retrouver une économie forte, avec des entreprises innovantes et performantes.

À l'inverse ce décret ne permettra pas de conserver des emplois français. Car restreindre les flux d'investissements en France réduira la croissance et l'emploi. En outre, si l'on ne modernise pas l'économie hexagonale, rien ne pourra empêcher les entreprises nationales d'investir et d'embaucher à l'étranger.

Plus largement, cette nouvelle intervention de l'État dans des affaires qui le dépassent a des conséquences collatérales notables, en particulier sur la réputation du business en France. Ne nous voilons pas la face : la crédibilité de l'économie française, notamment en matière d'efficacité et de capacité à se moderniser, ne cesse de se réduire depuis une quinzaine d'années. Et ces mesures n'arrangeront évidemment rien. D'autant que les grèves à répétition à la SNCF, chez Air France et tutti quanti, rappellent une nouvelle fois combien la France est sclérosée. Fort heureusement, certains secteurs (notamment le luxe) tirent encore leur épingle du jeu et bénéficient d'une bonne image internationale. Mais si les dirigeants politiques français s'obstinent dans leur dogmatisme maladif, la défiance à l'égard de notre économie finira par se généraliser.

Alors, réveillons-nous enfin et cessons de penser que la gesticulation médiatique et le marketing autour du patriotisme économique suffiront à sauver notre économie. Il en va de la stabilité économique, financière et surtout sociale, de la France et par là même de la survie de l'ensemble de la zone euro.

Une fois que les dirigeants politiques et la majorité des citoyens français auront compris ces nécessités de raison, le patriotisme économique prendra un sens beaucoup plus crédible.

En effet, le « made in France » est aussi une question d'éducation. Certains pays ont d'ailleurs un réflexe protectionniste plus développé que d'autres. Pour autant, il ne faut pas culpabiliser le consommateur français, surtout en période de crise. Ce n'est pas seulement aux citoyens de se réformer, mais à leurs dirigeants de montrer l'exemple. Dans ce cadre, il est important que les Français comprennent que c'est uniquement en modernisant le pays que le patriotisme économique s'imposera sans forcer. Car aujourd'hui, il y a malheureusement plus de candidats à l'expatriation qu'à la relocalisation. Il ne faut pas se tromper de débat : les entreprises allemandes ne sont pas plus patriotiques que les entreprises françaises, mais le gouvernement allemand a fait en sorte de conserver ses industries sur le territoire national, en créant un terrain favorable. On ne peut pas en dire autant de la France !

Une fois que ce terreau existera dans l'Hexagone, il sera néanmoins indispensable d'enseigner aux Français l'amour à la fois de leur pays et de leur continent. Oui, si, sans la France, la zone euro finira forcément par disparaître, sans la zone euro, la France plongera dans un cataclysme sans précédent.

Autrement dit, la sortie de la France de la zone euro n'est absolument pas la solution. Pour le comprendre, il suffit d'imaginer les conséquences – catastrophiques – de ce scénario. Tout d'abord, il faudrait adapter les systèmes de comptabilité bancaire puis émettre de nouveaux billets. Rappelons-nous que la mise aux normes des systèmes informatiques des banques lors du passage à l'euro en 1999 a pris environ deux ans. Quant aux pièces et billets, ils ne sont arrivés dans les mains des citoyens que trois ans plus tard. Prendre le chemin inverse constituerait un vrai casse-tête, long et coûteux, avec toutes les confusions, les erreurs et les valses des étiquettes que cela engendrerait.

Mais ceci n'est presque rien comparé à ce qui va suivre. Car, si un pays sortait de la zone euro, il ne bénéficierait plus de la « protection » de cette dernière, notamment en matière d'évolution des taux d'intérêt des obligations d'État. Par exemple, si la Grèce avait quitté l'UEM aujourd'hui, elle n'aurait pas pu bénéficier des taux bonifiés à 4,5 % que lui assurait la zone euro, mais aurait dû payer des taux de marché bien plus élevés, soit au moins 30 % pour le taux à dix ans. Quant à la France, sa sortie de l'euro se traduirait par des taux d'intérêt des obligations d'État d'au moins 10 % pour le taux à dix ans. Au-delà de l'aggravation du déficit et de la dette que cela engendrerait, cette tension dramatique susciterait un écroulement de l'investissement et de la consommation, donc une accentuation de la récession, puis une nouvelle augmentation du déficit, donc une hausse des taux d'intérêt et le cercle pernicieux continuerait.

Pour tenter de stopper l'hémorragie, le gouvernement français n'aurait alors d'autre choix que de rétablir le contrôle des changes et augmenter drastiquement les droits de douane ainsi que tous les impôts et taxes qui pèsent sur les acteurs économiques nationaux. De plus, la Banque de France pourrait activer la « planche à billets » et monétiser la dette publique. Mais, attention, s'il peut paraître idyllique à certains, ce scénario se traduirait par un nouvel effondrement de la crédibilité de la France sur la scène internationale. En outre, en créant de la monnaie ex-nihilo, c'est-à-dire sans création de richesse correspondante, l'inflation flamberait vers les 8 %, ce qui grèverait encore le peu de pouvoir d'achat des Français et aggraverait la récession. Rappelons-le : si la « planche à billets » américaine n'a pas généré de forte inflation ces dernières années, c'est du fait de la forte demande mondiale de dollars. À l'inverse, si, demain, la France reprenait le franc, ce dernier ne bénéficierait pas d'un tel enthousiasme international. Loin s'en faut. Il y aurait sûrement une forte demande de francs suisses, mais pas de francs français…

Quant à la taxation excessive des patrimoines et des entreprises, elle se traduirait par un nouvel écroulement de l'investissement et de la consommation, donc par une exacerbation de la récession, avec toutes les conséquences sociales dramatiques que cela engendrerait. Déjà « à fleur de peau », les populations défavorisées deviendraient incontrôlables, ce qui finirait par provoquer des émeutes, voire une guerre civile.

Enfin, pour couronner le tout, l'explosion de la zone euro imposerait à la plupart de ses anciens membres de chercher des moyens de financer leurs déficits en dehors des marchés financiers. Certains n'hésiteraient alors certainement pas à se tourner vers les seuls pays qui disposent aujourd'hui de liquidités conséquentes, en l'occurrence ceux du monde émergent, en particulier la Chine et les pays du Golfe persique. Toujours à l'affût de bonnes opportunités, ces derniers ne manqueraient pas de saisir la balle au bond, en investissant massivement en Europe. Après avoir pris le contrôle économique de l'Asie et d'une grande partie de l'Afrique, les Chinois s'imposeraient donc également sur le Vieux Continent, qui deviendrait aussi la proie des fonds qataris, russes, indiens, saoudiens… Face à une telle menace, les États-Unis ne resteraient évidemment pas les bras croisés, avec tous les risques de conflits que cela implique.

En d'autres termes, si la sortie de la zone euro est tout à fait possible, il faut savoir qu'elle se traduira forcément par une récession aggravée et durable, par une crise sociale sans précédent, mais aussi des guerres civiles, voire un conflit militaire international. Bref, l'Europe et le monde tomberont bien dans un « trou noir » inextricable.

Voilà pourquoi, il faut tout faire pour éviter d'en arriver là. Pour autant, il ne faut pas se voiler la face : certains Français refusent de se rendre à ces évidences et de plus en plus de tensions sociales, voire ethniques, se manifestent dans l'Hexagone, faisant le jeu des partis extrémistes, qui n'hésitent plus à stigmatiser et prêcher la nécessité d'une « chasse aux sorcières ». Il est tellement plus pratique de désigner des boucs émissaires que de se remettre en question.

Aussi, pour couper l'herbe sous le pied à toutes les tentations extrémistes et éviter de multiplier les passagers clandestins sur ce grand bateau qu'est la France, il paraît opportun de créer un choc fédérateur. En plus des neuf premières mesures de notre thérapie, il pourrait passer par le développement d'une meilleure culture économique non dogmatique et ce, dès le collège.

Cette mesure permettrait notamment de redonner aux Français confiance dans leur économie, tout en créant du liant et de la cohésion au sein de la société. Un Français n'est effectivement pas identifiable par sa race, sa religion, sa couleur de peau, ses idées politiques ou ses penchants sexuels, mais par sa capacité à créer de la richesse et à impulser sa propre personne, sa famille, son entreprise et son pays vers le haut. Tel est le vrai patriotisme économique !

En résumé, le développement de la culture économique des Français sera assuré par les évolutions suivantes :

1. arrêter de favoriser l'idéologie de la « lutte des classes » ;

2. expliquer comment fonctionnent l'économie et les entreprises ;

3. redonner l'espoir et favoriser la culture de la réussite ;

4. faire comprendre que le véritable patriotisme économique réside dans une France et une zone euro plus fortes.

CONCLUSION

À l'évidence, la France est un pays incroyable. Par ses paysages, sa culture ou encore son positionnement géographique, elle est certainement l'un des plus beaux pays du monde. Seulement voilà, ce don du ciel est en train de devenir un cadeau empoisonné. En effet, plutôt que de valoriser et développer ces atouts, depuis une trentaine d'années, les dirigeants du pays et certains acteurs de la vie économico-sociale ne cessent de les épuiser.

Deux types d'évènements récurrents nous en apportent régulièrement la preuve. Il s'agit d'abord des nombreux rapports de la Cour des comptes qui, d'année en année, dénoncent les multiples gaspillages de la puissance publique et, dernièrement, n'hésitent plus à douter de la « sincérité » des prévisions gouvernementales en matière de réduction des déficits publics, comme on l'a notamment observé en 2014. Ainsi, qu'il s'agisse des anticipations d'augmentation des recettes fiscales ou de réduction des dépenses publiques, le compte n'y est pas et sera même très loin des annonces tonitruantes de Bercy, Matignon ou l'Élysée.

Certes, en soulignant ces innombrables manquements, la Cour des comptes ne fait qu'enfoncer une porte ouverte. Qui peut, effectivement, encore oser croire aux prévisions officielles en matière de croissance, de déficit ou de dette ? Le problème est qu'à force de prendre les investisseurs nationaux et internationaux ainsi que les citoyens français pour des dupes, les dirigeants hexagonaux ont perdu toute crédibilité. Et si, pour le moment, cette défiance ne transparaît pas sur les marchés obligataires et sur les niveaux de taux d'intérêt des obligations d'État, c'est essentiellement grâce à l'anesthésie pratiquée par la BCE. Mais, attention, toutes les bonnes choses ont une fin, et les effets de cet anesthésiant puissant ne seront pas éternels. Autrement dit, les marchés, les investisseurs, les entreprises et les Français au sens large finiront bien par intégrer cette triste réalité et réagir en conséquence.

C'est là que le deuxième type d'événements incontournables de la société française prend toute son ampleur : les grèves à répétition dans la fonction publique, ou semi-publique, et plus récemment à la SNCF ou encore chez Air France. Même si la population française y est habituée, ces dérapages pourraient bien finir par produire beaucoup plus d'effets négatifs que l'on veut bien imaginer. Car, ne nous leurrons pas, le coût d'une grève ne se limite pas aux pertes financières de la SNCF ou d'Air France. Ni même aux 400 à 500 millions de manque à gagner quotidien pour l'ensemble de l'économie française qu'engendrent généralement des grèves des transports suivies.

Non, au-delà de ces coûts directs, qui sont déjà exorbitants, le vrai coût de la grève est ailleurs. D'une part, il réside dans l'affaiblissement global de l'économie nationale. En effet, avec une croissance structurelle proche de zéro, cette dernière ne fait que s'enfoncer davantage lors de ces mouvements sociaux. La grève de la SNCF de juin 2014 a même poussé le gâchis à son paroxysme. Après un premier trimestre 2014 de croissance nulle (le PIB hors stocks avait même chuté de 0,6 % au cours de cette période), puis un mois d'avril tout aussi atone et un mois de mai quasiment chômé (compte tenu des jours fériés, des ponts, viaducs, soldes de RTT et vacances en tout genre), la plupart des acteurs économiques français comptaient sur le mois de juin pour « se refaire une santé », avant le long tunnel des vacances d'été. Pour les entreprises, cela devait se traduire par un regain d'activité en correction de la faiblesse passée et en anticipation de la torpeur estivale. Quant aux ménages, et notamment les chômeurs, ils espéraient pouvoir enfin retrouver un emploi et/ou améliorer leurs revenus.

Or, au moment où les entreprises et les particuliers étaient dans les starting-blocks pour essayer de faire un bon mois de juin, la grève de la SNCF est venue tout casser. Adieu veaux, vaches, cochons, reprise, forte croissance et emplois. Pour de nombreuses sociétés et ménages, ce nouveau coup d'arrêt a même été fatal. En effet, dans de nombreux cas, ils ont réussi à traverser la crise sans trop de dégâts, en puisant dans leurs économies. Ces dernières étant désormais épuisées, ils risquent le pire. D'ailleurs, les faillites d'entreprises et personnelles ont nettement augmenté au cours des mois suivants.

Mais il y a pire. À côté des drames humains que toute cette décroissance produit trop souvent, la récurrence des grèves, pour des raisons aussi banales que la réforme inévitable du réseau ferré de France et de la SNCF ou le développement de la filiale low cost d'Air France, nuit au niveau international à l'image de notre pays et à la crédibilité de son économie en matière de capacité à évoluer. Essayez par exemple d'expliquer à un Allemand, un Anglais, un Italien ou encore à un Grec ou un Espagnol, qui n'a cessé de faire des réformes depuis des années sans rechigner, que les Français refusent encore de moderniser leur économie. Essayez de lui expliquer comment une petite frange de la population peut paralyser un grand et beau pays comme la France au simple motif que nul ne doit toucher à ses petits avantages.

Il faut enfin ouvrir les yeux : nos voisins européens, qui ont tous fait énormément d'efforts et de sacrifices depuis 2008, ne nous comprennent plus et ne sont plus prêts à accepter les dérives françaises. Il est donc largement temps de parler vrai et de responsabiliser nos concitoyens : en temps de crise, chacun doit retrousser ses manches et nul n'a le droit de l'en empêcher. La liberté s'arrête là où commence celle des autres. En particulier dans une économie exsangue, proche de la banqueroute.

Si ce comportement ne change pas, il faut se préparer à une nouvelle et rapide dégradation de la notation de la dette publique française et plus globalement de la crédibilité de la France. Elle entraînera tout d'abord une défiance internationale massive. Dans la mesure où près de 70 % de la dette publique française est détenue par des non-résidents, une forte augmentation des taux d'intérêt se produira alors, pesant négativement sur l'investissement, donc sur la croissance et l'emploi. D'où une hausse massive du chômage, un accroissement des déficits publics et de la dette, ce qui renforcera la défiance et le cercle pernicieux continuera, entraînant la France dans une crise « à la grecque ». Pour éviter que l'Hexagone passe de la grève à la Grèce, il est donc absolument impératif d'arrêter la démagogie pour devenir enfin responsable. Il ne s'agit pas simplement d'un problème de bras de fer entre le gouvernement et les syndicats ou encore de l'établissement de prévisions tronquées, mais de l'avenir de nos enfants…

Certes, c'est bien connu : les Français ne savent pas faire de réformes, seulement des révolutions. C'est en se référant à cet adage d'un autre temps que, depuis trois décennies, les différents gouvernements de l'Hexagone ont refusé d'engager les changements en profondeur et la modernisation de nos structures économiques. Il est vrai que le fameux cycle électoral et la succession infernale des diverses élections sont de véritables incitations à l'inertie. Ainsi, que ce soient les conseillers en tout genre, les sondages ou tout simplement la volonté effrénée d'être réélu, il y avait toujours une bonne raison de ne pas brusquer les Français et de continuer à leur laisser croire que tout finirait par s'arranger en augmentant les dépenses publiques.

Pourtant cette stratégie électoraliste et, disons-le, de l'irresponsabilité, a souvent connu des échecs cuisants, en termes d'efficacité économique mais aussi de politique politicienne. Ainsi, l'abandon par le gouvernement Juppé de la réforme des retraites en 1995 n'a pas empêché le parti du président Chirac de perdre les élections législatives en 1997. De même, le refus du gouvernement Jospin d'utiliser la croissance forte des années 1998-2000 pour retrouver un équilibre budgétaire plutôt que de dépenser la soi-disant « cagnotte » n'a pas empêché Lionel Jospin d'être battu dès le premier tour des élections présidentielles un fameux 21 avril 2002…

Plus proche de nous, l'absence de rupture économique, pourtant promise pendant la campagne présidentielle 2007, n'a pas permis à Nicolas Sarkozy d'être réélu en 2012. Bien sûr, il y a eu la crise. Mais elle a commencé en 2008. Le président de la rupture avait une bonne année pour transformer la France dans le bon sens. Il n'en a pas profité.

Plus fondamentalement, compte tenu des rigidités et de l'aversion au changement qui prévalent dans l'Hexagone, l'essentiel des réformes doit être mené dans les six à neuf mois suivant la victoire à la présidentielle, quand la cote de popularité du nouveau président est au plus haut et qu'il dispose d'une forte légitimité.

C'est d'ailleurs une période suffisante pour engager la thérapie de choc dont a besoin la France pour enfin guérir de la crise et de ses maux économiques structurels.

Ce qui est troublant c'est que Nicolas Sarkozy n'a pas tiré les leçons de ses erreurs passées. En effet, lors de l'annonce de son retour sur la scène politique française, il a écarté toute volonté de thérapie de choc. Autrement dit, soi-disant pour ne pas brusquer les Français, Sarkozy II s'inscrit dans la même tendance que Mitterrand, Chirac, Sarkozy Ier et Hollande, qui ont été des présidents adeptes de réformettes et finalement de l'immobilisme.

C'est bien là le problème : à force de vouloir faire plaisir à tout le monde, les différentes majorités qui se sont succédé depuis trente ans n'ont satisfait personne.

Conséquence logique de ce manque de courage collectif, la crédibilité de la classe politique hexagonale a fondu comme neige au soleil et de plus en plus de Français se sont réfugiés dans des partis extrémistes, qui ont pour seul mérite de ne jamais avoir été au pouvoir, et dont l'arrivée aux plus hautes responsabilités serait synonyme de chaos.

Face à ce danger, on aurait pu imaginer que MM. Hollande et Valls lanceraient enfin la France sur la voie de la modernisation et de la baisse significative des déficits publics et de la dette. Malheureusement, il n'en est rien et le budget 2015 va encore coûter très cher à la France et à ses dirigeants.

D'où une question clé : quand s'arrêtera la descente aux enfers de François Hollande, du gouvernement Valls et plus globalement de la France ?

Pour être franc : je suis très inquiet pour l'avenir de notre économie et de notre douce France. Cela fait une dizaine d'années que j'exprime régulièrement mes craintes en la matière, et plus les années passent, plus le fossé se creuse entre l'efficacité économico-sociale et la politique hexagonale.

La récente « opération vérité » de monsieur Sapin sur les comptes publics 2014 et 2015 n'y change rien. Et pour cause : cela fait plus d'un an que mon équipe et moi-même anticipons un déficit public d'environ 4,5 % du PIB pour l'année 2014 et à peu près autant pour 2015. Nous ne sommes pas devins. Nous essayons simplement de regarder la réalité en face et d'avoir du bon sens : dès la fin 2013, toutes les personnes censées savaient qu'avec les mesures prises par le gouvernement (notamment en matière fiscale), il était impossible de retrouver le chemin de la croissance forte et, par conséquent, de réduire le chômage et les déficits publics.

Nous faisions d'ailleurs la même analyse l'année précédente, et aussi celles d'avant, cela depuis bientôt dix ans : pour relancer sa croissance, la France doit abaisser et simplifier la pression fiscale pour tous (entreprises et ménages), réduire drastiquement les dépenses publiques (notamment de fonctionnement) et moderniser son marché du travail. Étant donné qu'aucune de ces mesures n'a sérieusement été engagée, il est presque devenu facile de prédire l'avenir de l'économie française : ce sera toujours moins de croissance, plus de chômage, plus de déficit et plus de dette.

Nous le reconnaissons humblement : nous n'avons aucun mérite à avoir prévu avec justesse le niveau des déficits publics français depuis des années. Il suffisait de ne pas se laisser aveugler par la méthode Coué, le marketing et la connivence.

À force d'avoir manqué constamment à leurs engagements, les dirigeants du pays ont perdu l'essentiel : la crédibilité. Or, sans crédibilité, pas de confiance ; sans confiance, pas de croissance, donc davantage de déficit et de défiance et le cercle pernicieux continue.

Face à ce discrédit, il est clair que, comme je le soutiens depuis plusieurs trimestres, la note de la dette publique française sera fortement abaissée dans les prochains mois.

D'où une dernière question : que va faire le président Hollande pour sortir la France de l'ornière. De plus en plus de politologues et d'observateurs en tout genre évoquent l'électrochoc de la dissolution. Pourquoi pas ? Mais surtout pour quoi faire ? Car si déjà, depuis trois ans, la croissance est en berne, que va-t-elle devenir avec de nouvelles élections législatives et a fortiori si ces dernières débouchent sur une cohabitation inamicale et/ou une percée de l'extrême droite ?

Le climat d'incertitude pré-électoral, puis les vicissitudes d'une très probable cohabitation ne manqueront pas d'aggraver l'immobilisme et le manque de confiance qui prévaut déjà depuis au moins cinq ans. D'où un nouvel affaiblissement de l'activité et par là même une augmentation du chômage, des déficits, de la dette… qui susciteront une nouvelle vague de dégradation de la note de la France.

Et si jusqu'à présent les taux d'intérêt des obligations de l'État français sont restés miraculeusement bas, tous ces événements calamiteux finiront forcément par inverser la tendance, ce qui alimentera encore le cercle pernicieux « croissance zéro - chômage et déficits publics élevés - défiance ».

En conclusion, la France et ses dirigeants politiques sont plus que jamais dans un « corner » : qu'ils continuent de pratiquer la méthode Coué, en faisant des réformettes sans conséquence positive majeure, ou qu'ils se lancent dans de nouvelles élections législatives, ils sont condamnés à l'atonie économique, voire à la récession ou pire au chaos politique et sociétal.

Alors, MM. Hollande et Valls, perdu pour perdu, ayez enfin le courage que n'ont pas eu vos prédécesseurs et menez la France dans une véritable modernisation économique. Ne vous contentez pas du marketing et des réformettes de la loi Macron qui vont certes dans le bon sens mais sont loin de permettre la relance durable de la croissance. Il en va du sauvetage de notre pays et de sa démocratie.

C'est d'ailleurs là que réside le but de notre thérapie de choc. Il n'est pas de faire peur et/ou mal aux Français mais simplement de leur éviter de sombrer dans la récession, la déflation et finalement le marasme économique, social et politique.

Il faut être clair : si le gouvernement s'obstine dans l'immobilisme et l'alourdissement de la pression fiscale, les conséquences seront particulièrement dramatiques, suscitant une crise sociétale majeure, voire une révolution, qui imposera alors à nos dirigeants, quels qu'ils soient, d'engager enfin le pays dans une rupture réelle. Nous y voilà donc : toutes les erreurs pour ne pas dire les errements politiques que nous subissons depuis trente ans vont aboutir logiquement à la révolution, le seul moyen apparemment de réformer en profondeur le pays.

Seul hic, mais il est de taille : une révolution, on sait quand elle commence, pas quand ni surtout comment elle se termine. Plutôt que d'en arriver là, ne serait-il pas beaucoup plus opportun de conduire la France dans d'authentiques réformes structurelles, en les expliquant aux Français avec pédagogie et indépendamment des partis pris politiciens. La question reste simplement de savoir si les hommes et femmes politiques français en ont la volonté et/ou le courage…

En d'autres termes, pour la France de demain, ce sera soit la thérapie de choc que nous préconisons, soit Le Pen et *in fine* le chaos.

Si les Français se réveillent et choisissent la première solution, alors oui, le retour de la croissance forte sera rapide et durable. En février 2018, la France sera alors bien différente de celle que nous envisagions dans le cauchemar en introduction de ce livre. À cet horizon, la croissance structurelle de l'économie hexagonale aura retrouvé la barre des 2,5 %. Dans ce cadre, le solde des comptes publics se rapprochera de l'équilibre, se dirigeant même vers un léger excédent pour 2019. Le premier excédent depuis 1974 ! Parallèlement, le ratio dette publique/PIB reculera significativement sous les 80 %. Les taux d'intérêt des obligations d'État demeureront faibles, soutenant par là même la croissance et l'investissement.

Mieux, compte tenu de la baisse de la pression fiscale, les exilés fiscaux d'hier reviendront très vite vers leur pays d'origine et la France deviendra l'une des premières terres d'accueil des investissements étrangers. À tel point qu'elle se permettra de refuser des fonds jugés insuffisamment éthiques.

De par ce retour en grâce de la croissance et de l'investissement, les créations d'emploi repartiront à la hausse et le chômage chutera, glissant progressivement vers son niveau de plein-emploi, en l'occurrence 6,5 %. Une augmentation massive des revenus et du pouvoir d'achat s'ensuivra, permettant à la consommation de retrouver son rôle de moteur puissant et inébranlable de l'économie nationale.

La cote de popularité des dirigeants du pays flambera et les partis extrémistes s'effondreront progressivement. Sur la scène internationale, l'image de la France sera redorée. Elle apparaîtra effectivement comme un pays courageux, capable d'engager des réformes structurelles difficiles, tout en reprenant rapidement la voie de la croissance forte et du chômage faible. Elle retrouvera alors son rôle de locomotive économique et politique au sein de l'Europe, reléguant les Allemands et les Anglais au rang de spectateurs admiratifs…

Non s'il vous plaît, ne me réveillez pas, ce rêve est trop beau…

Espérons simplement qu'il deviendra rapidement réalité, car, comme disait l'homme d'État et poète Constantin Huygens, « *la vie est un rêve, mais rêver n'est pas vivre* »…

TABLE DES MATIÈRES

Cet ouvrage a été composé et imprimé
en janvier 2015

CPI
FIRMIN-DIDOT

27650 Mesnil-sur-l'Estrée
N° d'impression : 125491
Dépôt légal : janvier 2015
ISBN : 978-2-35417-343-2

Imprimé en France